el cocinero fiel.

TXABER ALLUÉ

el cocinero fiel.

de los platos tradicionales a la tortilla 2.0

El papel utilizado para la impresión de este libro
es cien por cien libre de cloro y está calificado como
papel ecológico.

Colección: Cocina

Diseño de interior: Diego Carrillo

Ediciones Temas de Hoy es un sello editorial de Ediciones Planeta Madrid, S. A.
Paseo de Recoletos, 4. 28001 Madrid
www.temasdehoy.es
Primera edición: abril de 2010
ISBN: 978-84-8460-866-0
Depósito legal: B. 12.670-2010
Impreso en Industria Gráfica Cayfosa, S. A.
Printed in Spain-Impreso en España

Prólogo, por Francis Paniego, 15

Introducción, 17

Instrucciones, 19

aperitivos

Almogrote, 22

Patatas chips con pimientos de Padrón y jamón ibérico, 24

Crema de quesos, 26

Paté de aceitunas, 28

Ensaladilla rusa levantina, 30

Ensaladilla rusa clásica, 32

Espardenya, 34

Croquetas de jamón y pollo, 36

Patatas bravas, 38

Tempura de langostinos, 40

Papas arrugadas con mojo verde, 42

Calamares a la romana, 44

Alcachofas fritas con ajos tiernos, 46

Pimientos rellenos de sobrasada y gorgonzola, 48

Polenta frita con nueces, 50

Sándwich frío, 52

Cóctel de gambas, 54

Espárragos envueltos en jamón, 56

Bocadillo de morcilla y membrillo, 58

entrantes

Gazpacho, 62

Crepes rellenos, 64

Pastel de espinacas, 66

Empanada de atún, 68

Migas, 70

Tortilla sin huevo, 72

Ensalada murciana, 74

Ensalada de alubias, 76

Escarola con romescu, 78

Garbanzos con bacalao, 80

Lentejas con chorizo, 82

Hummus, 84

Caldo de verduras, 86

Espaguetis con salsa de nata, 88

Espaguetis carbonara, 90

Espaguetis al pesto, 92

Espaguetis con almejas, 94

Espaguetis con queso ahumado y berenjena, 96

Espaguetis boloñesa, 98

Macarrones con chorizo, 100

Lasaña de verduras, 102

Lasaña de carne, 104

Canelones de pollo, 106

Canelones de espinacas y queso, 108

Ñoquis al roquefort, 110

Pizza de atún, 112

Arroz negro, 114

Arroz con costra, 116

Arroz caldoso con bogavante, 118

Arroz con sepia y alcachofas, 120

Arroz con bacalao, 122

Arroz del senyoret, 124

Arroz a banda, 126

Arroz con pollo, 128

Arroz con pollo y codornices, 130

Arroz con las sobras del cocido, 132

Risotto con setas y pollo, 134

Risotto vegetariano, 136

Fideuá, 138

Tortilla de patatas, 140

Revuelto de bacalao, 142

Patatas al ajihué, 144

carnes y pescados

Costillas al horno, 148
Costillas de cerdo a la barbacoa, 150
Cochinita pibil, 152
Manitas de cerdo, 154
Lomo con nata y caramelo, 156
Lomo relleno, 158
Butifarra esparracada, 160
Albóndigas con tomate, 162
Albóndigas con sepia, 164
Pastel de berenjena, 166
Berenjenas rellenas, 168
Pollo rebozado, 170
Pollo al curry, 172
Pollo tikka masala, 174
Pollo con ciruelas y piñones, 176
Libritos de pollo rellenos, 178
Pechuga con jamón y queso brie, 180
Pechuga enrollada con panceta ahumada, 182
Pavo relleno, 184
Bocadillo de filete ruso, 186
Guiso con conejo y codorniz, 188
Guiso de ternera, 190
Pastel de carne, 192
Pastel de carne enrollado, 194
Pastel de carne empanado, 196
Pastel de carne y patata, 198
Caldo de ave, 200
Cocido con albondigones, 202
Bacalao al ajoarriero, 204
Bacalao al horno, 206
Lubina a la sal, 208
Lubina sobre cama de verduras, 210
Estofado de sepia con patatas, 212
Guiso de atún con patatas, 214
Caldo de pescado, 216

postres

Brownie, 220
Virutas de chocolate, 222
Pastel de manzana, 224
Pastel de chocolate, 226
Pastel de avellana, 228
Tarta de manzana, 230
Tarta de chocolate, 232
Tarta de queso, 234
Arroz con leche, 236
Crema catalana, 238
Flan de huevo, 240
Torrijas, 242
Bizcocho exprés, 244
Bizcocho mármol, 246
Bizcocho con manzana y anís, 248
Plum cake, 250
Membrillo, 252
Profiteroles, 254
Tiramisú, 256

Índice alfabético, 258

Las 20 recetas más valoradas, 260

Las 20 recetas más visitadas, 261

A mi familia, a mis amigos y, muy especialmente, a Nora

Agradecimientos

Antes siempre decía que había aprendido a cocinar en Salamanca, en mi época de estudiante universitario. Pero lo cierto es que donde realmente he aprendido ha sido en internet, gracias al blog y a las experiencias que se han desarrollado a su alrededor.

Por ello, el agradecimiento es para todos aquellos que han pasado por el blog, YouTube, Facebook o Twitter para compartir una pasión. Gracias por estar siempre ahí.

Evidentemente, este libro no lo he hecho yo solo. Meritxell Arjalaguer hizo unas fotos magníficas. Berna me dejó su espacio gastronómico en Tarragona, el Ginkgo Biloba. Robert Soro, Juana Trujillo y Luis Miguel Ramos me echaron más de una mano en los fogones. Francis Paniego hizo un prólogo fantástico, ¿verdad? Por último, el equipo de Temas de Hoy ha hecho un gran trabajo, especialmente Ana Granda. Sin todos ellos, este libro no habría sido posible. Muchas gracias.

Prólogo, por Francis Paniego

Para hacerse una idea de quién es el Cocinero Fiel solo hay que hacer un sencillo ejercicio en Google: escribir la palabra «cocinero» en el buscador; la primera sugerencia que aparece es «cocinero fiel». ¿No es increíble? Eso nos demuestra que estamos ante un personaje realmente importante que además ha conseguido esa notoriedad gracias a su trabajo en internet.

Txaber Allué (el verdadero nombre del Cocinero Fiel) es un hombre de su tiempo, que casi sin quererlo se ha convertido en un personaje mediático gracias al buen uso que hace de las redes sociales, lo que se demuestra por los más de 2500 amigos de su perfil personal de Facebook o los 5000 admiradores de *El Cocinero Fiel*.

Algunos de sus vídeos en YouTube han sido vistos más de 340 000 veces en apenas dos años, lo que hace una media de 500 reproducciones diarias; una auténtica locura. Pero es que además, y esto es lo verdaderamente increíble, ¡Txaber no es cocinero! ¿Cómo es posible que un profesor de la Universidad de Tarragona se haya labrado tan magnífica personalidad en el ciberespacio en un mundo tan ajeno al suyo?

Solo hay que entrar en cualquiera de sus perfiles de Facebook para darse cuenta de cuál es el secreto. Muchísimos de los comentarios que le hacen son de agradecimiento y admiración; cada crítica de alguna de las muchas recetas que interpreta de otros chefs, entre los que tengo el inmenso honor de incluirme, es contestada con cortesía y razonamiento. Si hay algún secreto para comprender esta personalidad, si algo transmite Txaber a través de su trabajo, es honestidad.

Yo le conocí a través de Facebook y desde ahí llamé su atención y la de otra celebrity faceobookera: Nacho Vázquez. Ambos se interesaron por un post colgado en mi perfil a través del que invitaba a la reflexión sobre cuáles deberían ser los platos más representativos de la cocina española para exportar. A partir de ese momento ellos comenzaron a grabar una serie de vídeos cortos en los que van haciendo esa pregunta a distintos chefs de renombre. Txaber y Nacho me visitaron, grabamos el primer vídeo, y ahí comenzó nuestra amistad; luego he tenido la suerte de contar con Txaber para grabar una ponencia sobre mi trabajo para el congreso Lo mejor de la Gastronomía. Es una gozada ver la manera tan sencilla, cercana y natural con la que maneja la cámara, lo que, unido a su sensibilidad, hace que su éxito esté justificado.

En muchas ocasiones a los cocineros actuales se nos reprocha, y con razón, la complejidad de nuestras recetas y la utilización de elementos, técnicas y utensilios que están fuera del alcance del aficionado a la cocina. La mayoría de las veces, estas recetas se recogen en libros dirigidos a profesionales o a grandes aficionados cuya finalidad es difundir nuestro trabajo, aunque sabemos que el gran público no podrá ejecutar en su casa gran parte de las recetas.

Este libro del Cocinero Fiel adquiere especial valor porque Txaber, dejando a un lado egos de trascendencia absurda, se pone en la piel del usuario y lo engancha con un lenguaje fácil que se dirige directamente al aficionado que quiere triunfar en su cocina de una manera sencilla, convirtiendo la interpretación de las recetas en auténticos momentos de placer.

Txaber, como cocinero y como aficionado, solo puedo darte las gracias por este libro.

Introducción

El blog surgió al combinar dos de mis pasiones, la cocina y el audiovisual. Pero no fue espontáneo, llevaba un tiempo pensando en poner un blog y un día, mi tío, Manuel Allué (*Desde mi cocina*), me envió un vídeo en el que Robert Rodríguez, el director de cine, prepara unos tacos. El vídeo era divertido, rápido y sencillo, y pensé que yo podía hacer algo similar. Colgué el primero, gustó, y hasta hoy.

El objetivo era, y sigue siendo, disfrutar haciendo dos cosas que me gustan. Pero lo que ha pasado desde aquel mayo de 2007 era totalmente imprevisible. Me he dejado llevar, lo he pasado bien y también he trabajado duro cuando he visto que había una pequeña oportunidad de ganarme la vida haciendo algo que me apasiona.

Y lo mejor es que cada día recibo muchísimos comentarios agradeciéndomelo. ¿No es fantástico?

Evidentemente, sin internet esto no habría sido posible. Especialmente esa internet que ha dejado de ser abstracta y anónima. La internet de blogs, YouTube, Facebook y Twitter. Ventanas al mundo a las que, afortunadamente, cada vez más gente puede asomarse para compartir lo que le apetezca.

Y puestos a compartir, por qué no compartir buen rollo. Espero que disfrutéis enormemente del libro. Si no es así, ya sabéis, podéis decírmelo en el blog, en YouTube, en Facebook o en Twitter :)

Instrucciones

Estas 115 recetas son versiones de las que he ido colgando en el blog durante los últimos tres años. Son versiones porque, desde que empecé a compartirlas en internet, he aprendido muchísimo y sería ridículo repetir errores, ¿verdad?

Los comentarios, los correos electrónicos o las experiencias que he vivido gracias al blog, me han enseñado muchas cosas sobre el funcionamiento de una cocina. En este libro, he intentado sumar todos esos conocimientos. Siempre buscando la alternativa más sencilla, aquella que tiene más probabilidades de que el lector se anime a probar.

Aunque nunca he sido muy preciso con las cantidades de cada ingrediente, he hecho un esfuerzo. Todas las recetas marcan cantidades para cuatro comensales. De todas maneras, siempre dependerá de los gustos y el hambre que tengan.

Donde sí es necesario ser más meticuloso es con la pastelería. En las demás recetas, hay bastante margen para experimentar. Dos detalles: los tomates pueden sustituirse por tomate natural de lata, 50 g por cada tomate. Cuando digo una cucharada, me refiero a una cucharada sopera, unos 15 ml.

Además de las recetas, se han incluido trucos, consejos, variantes y, lo más interesante desde mi punto de vista, comentarios de los usuarios. Críticos, divertidos, apasionados... De todo tipo.

En todo caso, siempre podremos comentar la jugada en internet.

aperitivos

Almogrote

Ingredientes

1 pimiento choricero
100 g de queso curado
1 diente de ajo
Aceite de oliva
Pimienta
Sal

Elaboración

En un bol con agua tibia ponemos el pimiento choricero, abierto y sin semillas, y lo dejamos durante 1 hora. Pasado ese tiempo, separamos la carne de la piel con ayuda de una cuchara; la picamos bien y la ponemos en un bol.

Añadimos el ajo bien picado y el queso rallado. Lo mezclamos y lo aliñamos con sal, pimienta y un buen chorro de aceite. Removemos hasta conseguir una mezcla homogénea.

Trucos y consejos

Se puede comer con tostadas, colines o crudités, es decir, zanahorias, apio, pepinillos u otros vegetales crudos cortados en tiras.

;-)

Comentarios en la red

» De la Gomera, la Isla Colombina. Prueba con una pimienta (tipo chile) mezclada con los choriceros, o con pimientas palmeras (receta original) solas, y rebaja el ajo. Y si no le pones aceite, te queda tipo paté, perfecto. gracias.

» MmM menuda pinta tiene el almogrote!!
Yo me pregunto ahora cómo poder encontrar pimiento choricero en Finlandia...! xD

Patatas chips con pimientos de Padrón y jamón ibérico

Ingredientes

200 g de patatas
100 g de pimientos de Padrón
75 g de jamón ibérico
Aceite de oliva
Sal gorda

Elaboración

Lavamos las patatas, las pelamos y las lavamos de nuevo. Las cortamos en láminas y las ponemos en agua unos minutos.

Mientras, ponemos abundante aceite en una sartén al fuego. Escurrimos las patatas y las secamos con un paño o con papel de cocina. Cuando el aceite esté bien caliente, las freímos en varias tandas y las vamos retirando cuando estén doraditas, poniéndolas sobre una rejilla.

A continuación, freímos con un chorrito de aceite y sal gorda los pimientos hasta que alcancen el punto que nos guste. Después los ponemos también a escurrir.

Por último, para montar el plato, mezclamos con delicadeza las patatas con los pimientos y los cubrimos con las lonchas de jamón.

Lo serviremos inmediatamente.

Trucos y consejos

Las patatas, ya laminadas, se ponen en agua para que pierdan un poco de almidón.

Las freímos en varias tandas para que no se peguen unas a otras y el aceite se mantenga bien caliente. Así conseguimos que queden muy crujientes.

Es mejor escurrirlas sobre una rejilla que sobre papel para que no se ablanden.

Este plato tiene mucho éxito y no dura nada en la mesa, así que el cocinero debe reservarse una ración en la cocina si quiere probarlo.

Variantes

Se pueden sustituir los pimientos de Padrón por jalapeño o chile serrano.

Según comentaron en el blog, con vinagre y ajo a esta receta se la llama patatas al ajo cabañil.

;–)

Comentarios en la red

» Hijoleeeee qué rica receta has subido.

» Yo obligué a mis padres a que lo pusieran en mi comunión.

» Madre mía q buena pinta! y yo aki a las 3 y kuarto y aún sin komer

Crema de quesos

Ingredientes

½ cebolla tierna
125 g de queso quark
50 g de queso roquefort
1 cucharada de brandi o coñac
Vinagre
Aceite de oliva
Pimienta
Sal

Elaboración

Picamos bien la cebolla y la ponemos en vinagre unos 10 minutos. Pasado ese tiempo, la mezclamos con los quesos y el brandy hasta que tengamos una mezcla homogénea. Por último, aliñamos con un chorrito de aceite, pimienta y sal.

Trucos y consejos

Suele servirse como aperitivo y se puede comer con colines o crudités (zanahoria, pepinillo o apio cortado en tiras).

Variantes

Puede prescindirse del brandi. También puede añadirse pepino cortado en cubos pequeños.

;-)

Comentarios en la red

» Pero una crema de las q más me gustan para acompañar es de ricotta con pimiento rojo o morrones rojos ahumados. Los pones en el fuego hasta que se pongan negros les quitas lo quemado sin agua xq se le va todo el sabor, luego se trocea y se le agrega a la ricotta y los trozos de morrón tmb y se procesa todo. Queda de un bueno para acompañar algo para picar.

Paté de aceitunas

Ingredientes

150 g de aceitunas
1 diente de ajo
Aceite de oliva

Elaboración

Deshuesamos las aceitunas y las ponemos en la trituradora con el ajo pelado y un chorrito de aceite. Lo trituramos hasta conseguir una textura cremosa.

Trucos y consejos

Si queremos una textura más suave, una vez batido, podemos pasarlo por el tamiz.

Variantes

Se puede hacer con cualquier tipo de aceituna, según nuestros gustos. Pero, en general, se suele utilizar o arbequina o negra Aragón.

;-)

Comentarios en la red

» Ah, un deep que se hace con alcaparras, anchoas, aceitunas negras y aceite de oliva es muyyy rico, lastimosamente no conozco bien las proporciones...

Ensaladilla rusa levantina

Ingredientes

4 patatas
2 huevos
100 g de variantes picados
150 g de atún en aceite
125 g de mayonesa
Sal

Elaboración

Pelamos y limpiamos las patatas, y las troceamos toscamente. Las cocemos en una olla con abundante agua hirviendo con sal, hasta que estén tiernas. Las escurrimos y las pasamos por el pasapurés.

Ponemos los huevos en un cazo con agua tibia, los ponemos a fuego fuerte hasta que rompa a hervir, bajamos el fuego y los dejamos poco menos de 10 minutos. Los retiramos y dejamos que se enfríen. Les quitamos la cáscara y los reservamos.

En un bol grande, ponemos el puré de patata, un huevo duro rallado, los variantes, el atún bien escurrido, la mayonesa y la sal, y removemos hasta conseguir una mezcla homogénea.

Lo volcamos en una fuente, lo cubrimos con mayonesa, rallamos por encima la mitad del otro huevo y decoramos con la otra mitad. Lo metemos en la nevera y lo dejamos reposar 1 hora.

Trucos y consejos

Los variantes, zanahoria y pepinillo, se compran ya picados. De no encontrarlos, también los venden enteros y habría que trocearlos.

La mayonesa se podría hacer casera con un huevo, 125 ml de aceite de oliva, una cucharada de zumo de limón y un pellizco de sal.

Variantes

Esta receta es una variante de la receta tradicional (ver ensaladilla rusa clásica).

;–)

Comentarios en la red

» Una variante: ayudándole con un lienzo húmedo, haces una especie de brazo de gitano, lo adornas con mayonesa, pimientos asados en tiras, aceitunas y la yema del huevo duro rallada. Para los días de fiesta queda muy coreográfico.

Ensaladilla rusa clásica

Ingredientes

4 patatas grandes
2 huevos
75 g de guisantes
2 zanahorias
100 g de atún en aceite
100 g de mayonesa
Sal

Elaboración

Ponemos los huevos en un cazo con agua tibia, los ponemos a fuego fuerte hasta que rompa a hervir, bajamos el fuego y los dejamos poco menos de 10 minutos. Los retiramos, dejamos que se enfríen. Les quitamos la cáscara y los reservamos.

En una olla grande con abundante agua hirviendo con sal metemos las patatas peladas y troceadas toscamente. Pasados 10 minutos añadimos las zanahorias, también peladas y troceadas. 5 minutos después añadimos los guisantes y lo dejamos 5 minutos más, siempre a fuego medio/bajo. Lo importante es que la patata esté bien tierna.

Escurrimos y con la patata hacemos un puré. Añadimos la zanahoria, los guisantes, un huevo y medio rallado, el atún bien escurrido, la mayonesa y un pellizco de sal y lo mezclamos todo con suavidad.

Lo ponemos en una fuente, lo cubrimos con mayonesa y rallamos el medio huevo duro por encima.

Trucos y consejos

Es mejor cocer las verduras por separado, ya que cada una necesita tiempos de cocción diferentes, pero si no nos apetece, siempre podemos ir añadiéndolos uno a uno, en función del tiempo que necesiten.

Variantes

En lugar de triturar la patata, se puede servir cortada en cubos. La verdad es que el resultado es diferente, ya que los sabores están menos mezclados.

;–)

Comentarios en la red

» Vale... definitivamente no puedo ver tus vídeos a estas horas!!! que hambreeee qué pinta tiene esa ensaladilla!

Espardenya

Ingredientes

4 rebanadas de pan de kilo
1 berenjena
1 pimiento rojo
1 cebolla
1 tomate maduro
12 anchoas
1 diente de ajo
Aceite de oliva
Sal

Elaboración

En una bandeja de horno, ponemos la berenjena y el pimiento untados con aceite y la cebolla sin pelar. Lo metemos en el horno a 200 °C.

Pasados 30 minutos retiramos el pimiento. Diez minutos después, la berenjena y, finalmente, 10 minutos después, la cebolla.

Pelamos y cortamos en tiras el pimiento y la berenjena y troceamos la cebolla.

Tostamos el pan y lo frotamos, primero con el ajo partido por la mitad y después con el tomate, también partido por la mitad. Ponemos una tira de pimiento, una de berenjena y una de cebolla alternándolas hasta cubrir el pan. Lo aliñamos con aceite y una puntita de sal y ponemos tres anchoas en cada rebanada.

Trucos y consejos

A excepción del pan, el resto de los ingredientes, en general, se sirven fríos.

El tamaño de las verduras afectará a su tiempo de asado. Si queremos ahorrar tiempo, podemos comprarlas más pequeñas. Evidentemente, tendremos que comprar más cantidad.

Variantes

El tomate también podría asarse. Incluso hay quien también incluye calabacín.

;-)

Comentarios en la red

» El «Asao» típico de verano en casa. Nosotros le ponemos el aceite cuando ya está todo troceado y le añadimos un poco de bacalao desmigado... y a mojar con el pan. Riquísimo.

Croquetas de jamón y pollo

Ingredientes

75 g de mantequilla
25 g de jamón serrano
25 g de pechuga de pollo
1 huevo cocido
100 g de harina
1 l de leche
Pan rallado
1 huevo
Aceite de oliva
Pimienta
Sal

Elaboración

En un cazo derretimos la mantequilla a fuego lento. Añadimos el jamón y la pechuga cortados en tacos pequeños. Cuando coge color, incorporamos harina poco a poco mientras removemos con ayuda de unas varillas.

Quedará una pasta bastante sólida. Le añadimos la leche poco a poco removiendo constantemente. Corregimos de sal y pimienta, y lo dejamos a fuego lento, sin parar de remover, hasta que espese.

Agregamos el huevo rallado, mezclamos y lo volcamos en una fuente. Dejamos que se enfríe, lo cubrimos con film transparente y lo metemos en la nevera un mínimo de 1 hora.

De una en una, hacemos las croquetas; las rebozamos con pan rallado, las pasamos por huevo y luego, otra vez, por pan rallado, sacudiendo el exceso.

Las freímos en abundante aceite caliente hasta que estén bien doradas. Las retiramos y las escurrimos en una rejilla o con papel de cocina.

Trucos y consejos

Para que se frían uniformemente, es importante que la croqueta quede totalmente cubierta con el aceite.

Hay quien, una vez rebozadas las croquetas, las deja reposar en la nevera media hora.

Variantes

Esta es una versión de una receta de Francis Paniego. También pueden hacerse solo de jamón o solo de pollo. Es tradicional utilizar alguna carne que haya sobrado; en lugar de freírla con mantequilla, se desmenuza y se añade una vez está lista la bechamel.

;–) Comentarios en la red

» Me tienes asustado por tu capacidad, genial. ¿Me permites dos consejos? Bueno, básicamente las croquetas las has hecho igual, pero me ha parecido que faltaba un poco más de tiempo de hervido de la bechamel, esto es lo más importante pues de esa forma eliminamos bien el sabor de la harina. Y la última, haz un poco más pequeñas las croquetas, así el interior se calienta más y fluye mejor la pasta.
Un abrazo y mil gracias majo
Francis Paniego

Patatas bravas

Ingredientes

4 patatas
6 tomates maduros
1 zanahoria
1 cebolla
2 dientes de ajo
1 guindilla
Aceite de oliva
Pimienta
Sal

Elaboración

En una olla con abundante agua hirviendo con sal cocemos las patatas peladas y troceadas en cubos. Cuando empiezan a deshacerse las puntas, las retiramos y las reservamos en la nevera.

En una sartén con un chorrito de aceite mareamos la guindilla durante un minuto. La retiramos y, en el mismo aceite, sofreímos la cebolla y la zanahoria ralladas y salpimentadas.

Cuando están tiernas, añadimos el ajo picado y los tomates rallados, y lo dejamos a fuego lento durante unos 10 minutos. Pasado ese tiempo, corregimos de sal y lo pasamos por un pasapurés.

Sacamos las patatas de la nevera y las freímos en abundante aceite hasta que estén bien doradas, las retiramos y escurrimos con una rejilla o con papel de cocina.

Las ponemos en un cuenco y las cubrimos con la salsa de tomate bien caliente.

Trucos y consejos

Cociendo la patata primero y friéndola después conseguimos que queden mucho más crujientes. Pero siempre existe la opción de cortar en trozos más pequeños y freírla directamente.

Variantes

Antes de añadir el tomate, se puede poner un poco de pimentón dulce o picante y sofreírlo durante un par de minutos.

;-)

Comentarios en la red

» Si te interesa, una salsa estilo mexicano sería: hierve dos tomates, media cebolla y unos jalapeños (mínimo uno, y más dependiendo de tu aguante) junto con unos dientes de ajo, ya cocido pásalo por la licuadora junto con perejil y algo del agua en que herviste todo. También puedes agregar/cambiar por tomatillo, chile de árbol (guindilla), o aguacate, depende del gusto.

Tempura de langostinos

Ingredientes

12 langostinos frescos
1 huevo
75 g de harina
125 ml de agua
Aceite de oliva
Pimienta
Sal

Elaboración

Les quitamos las cabezas a los langostinos, los pelamos dejando la punta de la cola y les retiramos el hilo negro que tienen en el lomo. Los salpimentamos y los reservamos.

En un bol grande, batimos un huevo con unas varillas, añadimos agua muy fría e incorporamos la harina. Seguimos batiendo hasta conseguir una mezcla espesa. Añadimos unos cubitos para que la mezcla esté bien fría y sumergimos los langostinos.

En una sartén con abundante aceite caliente vamos friendo los langostinos, escurriéndolos un poco antes de sumergirlos en el aceite. Los retiramos y los escurrimos sobre una rejilla o con papel de cocina.

Trucos y consejos

Si en la mezcla quedan grumos, no supone ningún problema. Es más, al entrar en contacto con el aceite, se romperán y harán que la tempura quede más crujiente.

Variantes

Esta misma mezcla también serviría para rebozar verduras como zanahorias, judías verdes, pimientos o calabacín.

;-)

Comentarios en la red

» Para que veas qué buena onda soy, te voy a pasar mi tip, en lugar de agregar agua fría, agrega cerveza fría, hace que la mezcla esponje, y también agrégale una cucharada de mayonesa que le da mejor sabor a la freidora... bueno así hago yo mis filetitos de pescado con mucha salsa. besos

Papas arrugadas con mojo verde

Ingredientes

Para las patatas
1 kg de patatas pequeñas
50 g de sal

Para el mojo
10 granos de cilantro
10 granos de comino
2 dientes de ajo
Cilantro fresco
Aceite de oliva
Vinagre
Sal

Elaboración

En una olla metemos las patatas limpias y con piel, añadimos justo hasta que las cubrimos y las ponemos a fuego medio.

Por otro lado, en un mortero ponemos los dos dientes de ajo pelados, el cilantro y el comino en grano y la sal, y lo majamos bien. Agregamos dos o tres ramitas de cilantro fresco y seguimos majando.

Añadimos un buen chorro de aceite y una cucharadita de vinagre, y lo mezclamos todo bien.

Cuando las patatas están tiernas, las escurrimos y las volvemos a poner al fuego cubiertas con un paño húmedo durante un par de minutos.

Las retiramos y las servimos abiertas por la mitad con el mojo en una salsera.

Trucos y consejos

Las patatas deben arrugarse cuando se ponen al fuego cubiertas con un paño, pero no hay que preocuparse si no se arrugan mucho, saben igual de bien.

Variantes

El mojo verde puede comerse de muchas maneras, con pan o como acompañamiento de carnes y pescados.

;-)
Comentarios en la red

» El mojo verde con perejil no eh!! Que no sabe como tiene que saber un buen mojo :P
Y para mi gusto lo mejor para acompañar un mojo verde es un buen pescado, o cualquier producto del mar. Para carnes el rojo :)
Saluditos de una canaria. Tienen buena pinta tus papas, enhorabuena!

» El mojo rojo es en mi opinión mucho mejor para las papas arrugadas.
Mojo rojo: pimentón dulce, suave toque de pimentón picante, ajo, aceite, vinagre, medio pimiento rojo y cucharadita de café de comino.

Calamares a la romana

Ingredientes

2 calamares
50 g de harina
75 ml de sifón
Aceite de oliva
Pimienta
Sal

Elaboración

Retiramos las aletas y los tentáculos de los calamares limpios y los troceamos en aros de ½ cm aproximadamente. Salpimentamos y reservamos.

En un bol grande ponemos la harina, pimienta y sal. Añadimos el sifón y, con ayuda de unas varillas, lo mezclamos bien hasta conseguir una mezcla de espesor medio.

Añadimos los aros de calamar y lo dejamos unos minutos.

En una sartén con abundante aceite muy caliente vamos poniendo los calamares a freír. No hay que poner muchos para que no estén en contacto unos con otros y así evitar que se peguen.

Cuando están bien dorados, los retiramos y los dejamos escurrir sobre una rejilla o en papel de cocina.

Trucos y consejos

Para comprobar si el aceite está suficientemente caliente, podemos echar unas gotas de la mezcla a la sartén, si sale inmediatamente a flote, es que está a la temperatura adecuada.

Variantes

En lugar de sifón, podemos utilizar agua carbonatada o cerveza.

Si en lugar de cortar el calamar en aros, lo cortamos en tiras, tendremos rabas en lugar de calamares a la romana.

;–)

Comentarios en la red

» Nosotros en el bar usamos cerveza ale en lugar de sifón y un punto de levadura... Aquí en Bizkaia se estilan más las rabas.
Saludos.

» Pues x estos calamares antes me pegaba un viaje hasta Madrid x los alrededores de la Puerta del Sol. Me parecían únicos en cuanto consistencia y sabor. Pero fíjate x donde, el agua de sifón me ha resuelto el misterio del rebozado. Gracias cocinero fiel, a mí este plato me chifla y ahora que lo puedo hacer yo, pues como que soy más feliz. Exagerao como siempre. Un saludo.

Alcachofas fritas con ajos tiernos

Ingredientes

4 alcachofas
4 ajos tiernos
Aceite de oliva
Sal

Elaboración

Quitamos las capas verdosas de la alcachofa. Les cortamos el tallo dejando 1 cm. Las partimos por la mitad y les quitamos la pelusilla del centro. Las troceamos en tiras de unos 3 mm, aproximadamente. Las cubrimos con un paño húmedo mientras preparamos los ajos.

Pelamos los ajos tiernos y les abrimos las puntas haciendo un corte en forma de cruz.

En una sartén con aceite caliente ponemos a freír primero las alcachofas y después los ajos, hasta que estén bien dorados. Los retiramos y los escurrimos en papel de cocina. Sazonamos y lo servimos enseguida.

Trucos y consejos

Esta fritura es un excelente aperitivo. El único inconveniente es que debe servirse inmediatamente después de freírlo. Por ello, una vez preparadas las verduras, se pueden dejar en agua con perejil y un chorrito de vinagre. Luego se escurren y se fríen en el último momento.

;–)

Comentarios en la red

» Yo las hago rebozadas con huevo y pan rallado, me las enseñaron así y fue la primera vez que me fijé en ellas. Desde entonces las uso asadas, e incluso si no tengo ganas de cocinar compro una lata de corazones de alcachofa, los escurro y los meto en el microondas, me he enganchado JAJA XDD

» Yo uso bastante los ajos tiernos, me encantan. Cuando hago pizza los salteo en la sartén y los incorporo en la pizza y también como acompañamiento de unas pechugas de pollo o lomo están excelentes. Un saludo.

Pimientos rellenos de sobrasada y gorgonzola

Ingredientes

4 pimientos del piquillo
60 g de sobrasada
60 g de gorgonzola
Cebollino

Elaboración

Dividimos la sobrasada y el gorgonzola en cuatro partes. Abrimos los pimientos y los rellenamos con una parte de sobrasada y una parte de gorgonzola.

Los ponemos en una fuente de horno y los dejamos entre 5 y 10 minutos a 200 °C o hasta que se derrita el queso.

Los servimos espolvoreados con cebollino picado.

Trucos y consejos

Aunque las porciones son muy pequeñas para cuatro comensales, el sabor es muy intenso y no es necesario más. En todo caso, siempre se pueden multiplicar las cantidades.

Variantes

Se podrían utilizar otros quesos algo más suaves, como mozzarella o brie.

;–)

Comentarios en la red

» Buenas tardes,
quizás si confitamos los pimientos con aceite y azúcar pierdan algo su acidez. Un saludo y a probar!! Krixpy

» Los pimientos (del piquillo) están estupendos rellenos de cualquier cosa: de brandada de bacalao, de atún con huevo duro, de morcilla de Burgos, de un revuelto de foie con perrexikos, de plátano con tocino entreverado o jamón o bacalao sin desalar, de alcachofas trinchadas con rovellons (níscalos), de anchoas en puré de patata, de uvas con hígado de cerdo encebollado...
Lo más importante es que sean pimientos navarros y de los mejores que encuentres en el mercado (en Lodosa, por ejemplo). Salud

Polenta frita con nueces

Ingredientes

100 ml de agua
100 ml de leche
125 g de polenta
50 g de nueces
50 g de queso parmesano
Aceite de oliva
Nuez moscada
Pimienta
Sal

Elaboración

En un cazo ponemos al fuego la leche y el agua. Cuando esté caliente, añadimos la polenta y lo dejamos a fuego medio hasta que espese, sin parar de remover. Añadimos un chorrito de aceite, un pellizco de nuez moscada rallada, pimienta y sal. Lo mezclamos bien, y añadimos las nueces troceadas y el parmesano rallado, y seguimos removiendo.

Cuando tenemos una mezcla homogénea, lo retiramos del fuego y lo volcamos en una fuente cubierta de film transparente. La metemos en la nevera durante 1 hora, aproximadamente.

Una vez ha solidificado, desmoldamos y cortamos en tiras de 1 cm de grosor. Las freímos en aceite caliente por ambos lados, hasta que cojan color. Las retiramos y las escurrimos con papel de cocina.

Trucos y consejos

Hay muchos tipos de polenta, así que habrá que tener en cuenta las indicaciones del fabricante para prepararla.

Llena mucho, por ello es mejor acompañarla de algo suave, como una ensalada de lechuga y tomate.

El film transparente nos ayuda a desmoldar cuando la sacamos de la nevera.

Variantes

También puede servirse como un plato de cuchara. En tal caso, hay que añadir mucha más leche y agua; no es necesario dejarlo reposar ni freír posteriormente.

;-)

Comentarios en la red

» Waoo en mi casa somos italianos y la verdad que tu manera de hacer la polenta me resulta novedosa, se lo comentaré a mi madre que también mira tus recetas salu2 cocinero fiel.

» Intenta utilizar la polenta sólida como base para una pizza (no hace falta freírla) cúbrela con abundante salsa de tomate, echa tomate rallado, cebolla en cubos pequeños y un diente de ajo, un buen poco de albahaca y, por encima, mozzarella y un poquito de queso semicurado rallado, un toque de horno y listo. En argentina esto se llama polenta a la pizza, te lo recomiendo. Un saludo y gracias por tus recetas. Ivi.

Sándwich frío

Ingredientes

½ cebolla tierna
2 zanahorias
½ manzana
2 pepinillos
50 g de queso semicurado
50 g de jamón dulce
2 hojas de lechuga
10 aceitunas negras
Pan de molde
1 cuchara de mostaza
Aceite de oliva
Sal

Elaboración

En un bol grande mezclamos la cebolla, la zanahoria, la manzana y el queso –todo rallado–. Añadimos el jamón cortado en cubos, la lechuga y los pepinillos troceados y las aceitunas deshuesadas. Lo aliñamos con un chorrito de aceite, una cucharada de vinagre y un pellizco de sal, y lo mezclamos todo bien.

Tostamos el pan y hacemos sándwiches con la mezcla.

Trucos y consejos

La manzana y la zanahoria ralladas se oxidan enseguida, así que habrá que prepararlo justo antes de comer. Si no, se les podría añadir el zumo de medio limón o una cucharada de vinagre, ya que evita que se oxiden.

Variantes

Como es lógico, se pueden añadir o cambiar ingredientes. El colinabo rallado también queda muy bien. El jamón dulce podría sustituirse por jamón serrano, pollo, pavo cocido o atún.

En lugar de mostaza, se podría aliñar con una cucharada de mayonesa.

;–)

Comentarios en la red

» Que gran WEBISODIO del emparedado!!!!
Me encantó y estoy de acuerdo con el otro comentario, yo FIJO antes de tostar el pan ya me habría comido lo que hay en el bol... supongo que con pollo cocido también quedaría rico, qué te parece?? mmmmm
Un abrazote!

Cóctel de gambas

Ingredientes

16 gambas
Zumo de 1 lima
1 cebolla morada
1 guindilla
30 ml de kétchup
Sal

Elaboración

Les quitamos las cabezas a las gambas y las pelamos. Las ponemos en un bol grande y añadimos el zumo de lima. Lo dejamos macerando 1 hora.

Pasado ese tiempo, añadimos la cebolla y la guindilla, todo bien picado. Incorporamos el kétchup, un pellizco de sal y lo mezclamos todo bien. Dejamos otra media hora macerando y lo servimos.

Trucos y consejos

Para sacar mejor el zumo de los cítricos, los podemos hacer rodar haciendo presión con la palma de la mano. De esta manera, se exprimen con mayor facilidad.

Variantes

Si no nos gusta picante, podemos prescindir de la guindilla. Si nos gusta, también podríamos utilizar ají o chile.

;-)

Comentarios en la red

» huy me pareció genial que hayas visitado mi país,,, mejor dicho mi ciudad,,, y ojala vuelvas,,, debiste probar el tamal es algo mítico jaja. mucha suerte y hasta luego...
oye y las hormigas las preparas con huevos así en tortilla y quedan crujientes bien buenas...

Espárragos envueltos en jamón

Ingredientes

12 espárragos trigueros
12 lonchas de jamón serrano
6 hojas de rúcola
Aceite de oliva
Vinagre
Sal

Elaboración

Retiramos la parte blanca de los tallos de los espárragos y los ponemos a cocer en una olla con abundante agua hirviendo con sal. Bajamos el fuego y los dejamos hasta que estén tiernos. Los escurrimos y los reservamos.

En un bol, ponemos las hojas de rúcola, las aliñamos con aceite, vinagre y sal, y removemos bien.

Sobre una superficie plana extendemos tres lonchas de jamón un poco solapadas; en un extremo, colocamos tres espárragos y dos hojas de rúcola, y lo enrollamos. Repetimos esta operación tres veces más.

Cortamos cada rollo en cuatro trozos y los servimos de pie.

Trucos y consejos

Para evitar que los espárragos se rompan cuando se están cociendo, se pueden atar en un manojo. Así no se golpean entre ellos.

Variantes

Se puede hacer una versión con espárragos blancos. Una vez cocidos, los podemos enrollar con jamón dulce.

;-)

Comentarios en la red

» Estupenda receta. Estimado C.F. el espárrago es mi vegetal favorito y lo preparo a menudo. Una de las cosas que acostumbro a hacer es guardar las partes inferiores del espárrago, sean blancos o verdes, (en California es casi imposible conseguirlos blancos) y los guardo en una bolsa de plástico en el congelador. Cuando tengo suficientes, hago una sopa de crema de espárragos con caldo de pollo, nata y cualquier otra especia al gusto. El resultado se puede servir frío o caliente. Queda bueno.

Bocadillo de morcilla y membrillo

Ingredientes

1 morcilla
4 lonchas de queso semicurado
100 g de membrillo
(v. receta en pág. 252)
1 barra de pan

Elaboración

Troceamos la morcilla en rodajas y la hacemos a la plancha por ambos lados.

Abrimos el pan y ponemos la morcilla, la cubrimos con el queso y luego con el membrillo cortado en láminas finas.

Trucos y consejos

Puede ser un bocadillo o una tapa. Para la tapa cortamos el pan en rebanadas, las tostamos y añadimos el queso, el membrillo y, finalmente, una rodaja de morcilla a la plancha. Lo pinchamos con un palillo y lo servimos.

;–)

Comentarios en la red

» Bien ricaaaaaaa. Era bastante escéptica a probar algo como el membrillo con morcilla (con queso ya lo había probado) y la verdad, está muy bueno. Gracias por la receta. COCINA RICA Y SANA (los productos naturales de toda la vida es lo que tienen).

entrantes

Gazpacho

Ingredientes

8 tomates
½ pimiento rojo
½ pimiento verde
¼ de cebolla
¼ de pepino
1 diente de ajo
Pan
Aceite de oliva
Vinagre
Pimienta
Sal

Elaboración

En el vaso de la licuadora ponemos los tomates pelados y troceados toscamente, los pimientos y la cebolla picados, el pepino pelado y también troceado, el diente de ajo, un buen chorro de aceite, una cucharada de vinagre, pimienta y sal.

Lo licuamos todo hasta conseguir una sopa fina. Si queda muy líquida, podemos añadir una rebanada de pan ablandada en agua previamente. Si queda muy espesa, un poco de agua fría.

Se sirve muy frío y acompañado de picatostes, huevo duro cortado en cubos pequeños, pepino, cebolla y pimiento bien troceados para que cada comensal se sirva al gusto.

Trucos y consejos

Para que quede más suave se puede pasar por un colador y así se evitarán las pieles de los pimientos y las semillas del tomate.

También pueden sustituirse la cebolla y el ajo por sus versiones tiernas.

Variantes

Se puede añadir una ramita de perejil fresco. También hay quien le pone unos granos de comino.

;-)

Comentarios en la red

» Solamente un apunte, como buen andaluz y bebedor de gazpacho. NO LLEVA PAN. Eso fue un añadido post-guerra civil para que cundiera más y es el gran error. Nunca puede llevar pan, al contrario que el salmorejo.

» Gazpacho «por la gloria de mi madre» 3 tomates, 1 diente de ajo, migajón de pan, 1 pimiento de freír, ½ pepino, un pelotazo de aceite virgen, un susto de vinagre de Jerez y sal marina. Todo a la batidora directamente un buen rato y sale una base a la que se añade agua fría al gusto. Guarnición de cebolla, pepino, tomate, pan, cortados en cubitos.

Crepes rellenos

Ingredientes

Para los crepes
75 g de harina
150 ml de leche
2 huevos
20 g de mantequilla
1 cucharada de azúcar
1 pellizco de sal
1 ramita de canela

Para el relleno
1 cebolla
8 espárragos trigueros
50 g de champiñones
4 ajos tiernos
100 ml de nata líquida
50 g de roquefort
Aceite de oliva
Pimienta
Sal

Elaboración

Cortamos la cebolla en juliana, la salpimentamos y la ponemos a pochar en una sartén con un chorrito de aceite. Cuando está tierna, la retiramos y la reservamos.

Cortamos los tallos de los espárragos, y limpiamos los ajos tiernos y los hacemos a la plancha, hasta que estén tiernos por ambos lados. Los reservamos.

Limpiamos y cortamos en láminas los champiñones, los salpimentamos y los salteamos en una sartén con un chorrito de aceite. Cuando cogen color, los retiramos y los reservamos.

En un cazo, ponemos la nata líquida y el roquefort, y lo ponemos a fuego medio hasta que el queso se disuelva del todo, removiendo constantemente. Lo retiramos y lo reservamos.

Para hacer los crepes, en un bol grande batimos los huevos con ayuda de unas varillas. Añadimos la leche, la harina, el azúcar, la mantequilla derretida y la sal, y lo batimos bien hasta conseguir una mezcla homogénea.

Agregamos la ramita de canela y lo dejamos reposar en la nevera durante 1 hora. Retiramos la canela y, si ha espesado mucho, añadimos un chorrito de leche.

Con un papel de cocina mojado en un poco de aceite, untamos una sartén circular y antiadherente. La ponemos al fuego y, cuando está caliente, añadimos tres cucharadas de la mezcla. La extendemos por la sartén y la dejamos hasta que se empieza a secar la superficie. Con ayuda de una espátula, le damos la vuelta y lo dejamos apenas un minuto más. Lo retiramos y seguimos haciendo hasta consumir toda la mezcla.

Rellenamos la mitad de los crepes con cebolla, espárragos y ajos tiernos, y la otra, con cebolla y champiñones. Cubrimos con la salsa de roquefort.

Trucos y consejos

Lo más lógico es preparar la mezcla para los crepes y preparar el relleno mientras esta reposa en la nevera.

Hay quien a la mezcla para los crepes le añade una cucharada de cointreau.

Variantes

Los crepes pueden rellenarse con lo que queramos. Es una cuestión de gustos. Pero una buena idea es reservar cuatro crepes para rellenarlos con chocolate fundido y servirlos de postre.

;–)

Comentarios en la red

» Tengo rota la mandíbula, no puedo comer nada, pero lo curioso es que llevo ya vistos como unos 30 en el día de hoy, y no exagero. Cocinero fiel eres muy grande!

» Son las 11 de la noche, hace poco que he cenado, pero los crepes me han abierto el apetito! Tendré que irme ya a la cama para no asaltar la nevera XD Felicidades y gracias cocinero fiel!

Pastel de espinacas

Ingredientes

3 huevos
150 ml de nata líquida
25 g de mantequilla
6 lonchas de panceta ahumada
75 g de espinacas
50 g de parmesano
1 masa de hojaldre
Pimienta
Sal

Elaboración

En una olla con abundante agua hirviendo con sal, cocemos las espinacas hasta que estén tiernas. Unos 2 o 3 minutos. Las retiramos, las escurrimos bien y las reservamos.

En un bol grande batimos los huevos con ayuda de unas varillas. Añadimos la nata líquida, la mantequilla derretida, pimienta y sal, y lo batimos hasta obtener una mezcla homogénea. Por último, añadimos la panceta cortada en tiras, el parmesano rallado y las espinacas, y lo mezclamos todo bien.

En una fuente circular de 20 cm de diámetro ponemos la masa de hojaldre. Pinchamos la base con un tenedor y la metemos en el horno a 200 °C hasta que coja color.

La retiramos, volcamos la mezcla y la volvemos a meter en el horno. Lo bajamos a 180 °C y lo dejamos durante 30 minutos con calor en la parte inferior. La retiramos y la dejamos enfriar.

Trucos y consejos

En el horno, la mezcla aumenta muchísimo. No hay que preocuparse, una vez retirada del horno, se desinflará.

Variantes

Se pueden hacer muchísimas versiones de esta receta. Lo importante son los huevos, la nata líquida y la mantequilla –esta mezcla es la que cuajará una vez horneada–. Así que podemos añadir o sustituir los ingredientes que queramos. Podríamos poner jamón serrano o dulce, sustituir las espinacas por puerro, poner pasas y piñones, etc.

;–)

Comentarios en la red

» Hola soy francesa. La quiche más famosa aquí es la quiche lorraine. Se hace con masa brisé y después le añado lardons (me parece que en España es panceta cortada en trozos), trozos de jamón york y gruyere rallado. Y en un blender mezclo: 3 huevos con leche, nata (crème fraiche) un cucharada de harina y nuez moscada.

Empanada de atún

Ingredientes

Para la masa
450 g de harina
135 ml de agua
135 ml de aceite de oliva
1 pellizco de sal
1 cuchara de azúcar
1 cucharada de vinagre

Para el relleno
2 pimientos rojos
2 cebollas
4 dientes de ajo
6 tomates maduros
150 g de atún
4 huevos
Aceite de oliva
1 cucharada de pimentón dulce
Pimienta
Sal

Elaboración

En un bol grande ponemos la harina, el pellizco de sal y el azúcar, y removemos. Añadimos el agua, el aceite y la cucharada de vinagre. Mezclamos hasta conseguir una masa compacta que trabajamos durante unos minutos. La cubrimos con un paño y la reservamos.

Untamos los pimientos con aceite y los metemos en el horno a 200 °C durante 25 minutos. Los retiramos y los cubrimos con un paño de cocina. En cuanto están fríos, los pelamos y los cortamos en tiras, quitando tallo y semillas.

Introducimos tres huevos en un cazo con agua tibia, lo ponemos a fuego fuerte hasta que rompa a hervir, bajamos el fuego y lo dejamos poco menos de 10 minutos. Los retiramos y dejamos que se enfríen. Les quitamos la cáscara y los reservamos.

En una sartén con un chorro de aceite sofreímos la cebolla cortada en juliana y salpimentada. Cuando está tierna, añadimos los ajos picados y los tomates rallados. Pasados entre 5 y 10 minutos, añadimos el pimentón, los pimientos asados, el atún escurrido y desmenuzado, y los huevos duros troceados. Lo dejamos 5 minutos más, corregimos de sal y lo reservamos.

Espolvoreamos con harina una superficie plana y, con ayuda de un rodillo, extendemos 2/3 de la masa, teniendo en cuenta el tamaño del recipiente que vamos a utilizar para la empanada. La ponemos en el recipiente, asegurándonos de que quede un borde con la suficiente altura como para que quepa todo el relleno.

Cuando el relleno está a temperatura ambiente, lo escurrimos y lo ponemos sobre la base de la masa. Lo extendemos bien y lo cubrimos con el resto de la masa, que hemos extendido teniendo en cuenta la superficie a cubrir.

La pintamos con huevo batido, la cerramos pinchando con un tenedor y, además, pinchamos la masa para que no se hinche.

La metemos en el horno –que debe estar precalentado a 180 °C– y lo dejamos con calor en la parte inferior durante 40 minutos.

Trucos y consejos

Hay una versión para hacer la masa que consiste en sustituir el aceite, o parte del mismo, por los jugos que han soltado las verduras al sofreírlas.

Variantes

Sustituyendo el atún, podemos hacer múltiples versiones de la empanada. Podríamos añadir bacalao, chorizo, carne, etc.

;-)
Comentarios en la red

» Cocinero fiel... te «descubrí» anoche y me fui a dormir pensando cuál de tus deliciosas recetas haría hoy... al final he hecho la empanada, y está de vicio!!

» Me encanta cocinar (y comer jiji) y me tienes enamorada!! ;) seguro que te dicen esto a menudo, pero la persona que esté contigo es muy afortunada, porque además de lo obvio pareces una persona muy interesante. A mí me tienes loca!!!! jajaja
Muchas gracias por las recetas, un saludo!

Migas

Ingredientes

500 g de pan
200 ml de agua
2 lonchas gruesas de tocino entreverado
1 chorizo fresco pequeño
5 dientes de ajo
Aceite de oliva
Sal

Elaboración

En un bol grande ponemos el agua con un pellizco de sal. Añadimos el pan troceado y lo mezclamos bien. Lo cubrimos y lo dejamos reposar 1 hora.

Troceamos el tocino y lo doramos en una sartén junto a los ajos. Lo retiramos y lo reservamos. Con la grasa que ha soltado el tocino, freímos el chorizo cortado en rodajas de 1 cm, aproximadamente. Lo doramos por ambos lados, lo retiramos y reservamos.

Añadimos el pan desmigado y lo sofreímos, troceándolo con ayuda de una pala de madera. Cuando han absorbido la grasa, añadimos el tocino, el ajo y el chorizo, y lo mezclamos todo bien. Lo dejamos hasta que el pan esté bien tostado.

Trucos y consejos

Se suelen hacer con las sobras de pan de días anteriores, por eso es necesario ponerlo en agua durante 1 hora.

Variantes

Aunque la base es similar, hay muchas versiones de esta receta. Hay quien añade sardinas asadas, pimiento, uvas e incluso chocolate.

;–)

Comentarios en la red

» qué buenas¡¡¡
en casa de mis padres las migas se hacían igual, pero sin quitar la piel a los ajos, quedaban crujientitas al final pero...
nosotros las tomábamos con chocolate¡¡¡, sí, con chocolate a la taza, sumergíamos con una cuchara las migas para que empapucharan pero sin perder el crujido y estaban deliciosas; alguna vez se colaba un ajo en la cuchara, pero importaba poco.

Tortilla sin huevo

Ingredientes

4 patatas
30 g de mantequilla
Sal

Elaboración

Pelamos las patatas y las rallamos. En una sartén, ponemos 2/3 de la mantequilla y dejamos que se derrita a fuego lento.

Añadimos la mitad de la patata, sazonamos, incorporamos el resto y volvemos a sazonar. Lo dejamos a fuego muy lento durante 20 minutos, le damos la vuelta, untamos con el resto de la mantequilla y lo dejamos otros 20 minutos.

Trucos y consejos

Debe quedar como una tortilla de patata, así que hay que utilizar una sartén con bordes altos y no muy grande. Hay que tener en cuenta que cuanto más pequeña sea la sartén, más tardará en hacerse la patata del interior.

Variantes

Se puede cocer la patata previamente, en abundante agua hirviendo con sal. De esta manera se ahorra algo de tiempo.

;-)

Comentarios en la red

» Cocinero... Ya he probado hacer Rösti con aceite de oliva y queda muy bien... es que yo no puedo utilizar mantequilla.
Saluditos :-D
Buen comienzo de semana

Ensalada murciana

Ingredientes

6 tomates maduros
20 aceitunas negras
2 huevos
½ cebolla tierna
100 g de atún
1 cucharada de alcaparras
Aceite de oliva
Vinagre
Pimienta
Sal

Elaboración

En un cazo con agua tibia ponemos los huevos a fuego fuerte hasta que rompa a hervir, bajamos el fuego y los dejamos poco menos de 10 minutos. Los retiramos y dejamos que se enfríen. Les quitamos la cáscara y los reservamos.

Pelamos los tomates y los troceamos en cuartos. Los ponemos en un bol grande y añadimos la cebolla cortada en juliana fina, los huevos cocidos cortados en cuartos, el atún desmenuzado y las alcaparras, y lo aliñamos con un buen chorro de aceite, una cucharadita de vinagre, pimienta y sal.

Lo dejamos reposar 1 hora antes de servirlo.

Trucos y consejos

Para suavizar la cebolla, podemos ponerla en vinagre y un poquito de azúcar.

Variantes

Se le puede añadir bacalao desalado y desmigado. En tal caso, hay que tenerlo en cuenta a la hora de ponerle sal.

;-)
Comentarios en la red

» Mmmm qué rica ensalada murciana que has hecho cocinero fiel, pero le has puesto un ingrediente de más, no lleva alcaparras. Hay gente que en vez de atún la hace con bacalao en conserva, habrá que probarla, saludos desde Madrid espero tu comentario...

» Sí que lleva alcaparras (o tapena como se suele decir), lo único que para hacerla mas rápida (algunos) usan tomate de pera de lata.
Te lo dice una murciana residente en Madrid.

Ensalada de alubias

Ingredientes

200 g de alubias
½ pimiento verde
½ pimiento rojo
2 tomates
1 cebolla tierna
20 aceitunas negras
Aceite de oliva
Vinagre
Pimienta
Sal

Elaboración

Ponemos las alubias en agua durante 24 horas. Pasado ese tiempo, las escurrimos y las ponemos en una olla grande. Las cubrimos con abundante agua y las ponemos a fuego fuerte.

Cuando rompe a hervir, bajamos el fuego a medio/bajo y las dejamos 2 horas, añadiendo un vaso de agua fría cada media hora. Si se forma espuma, es aconsejable retirarla.

Cuando están tiernas, las escurrimos y las dejamos enfriar.

En un bol grande ponemos las alubias, el pimiento bien troceado, la cebolla cortada en juliana, el tomate pelado y cortado en cubos y las aceitunas. Aliñamos con un buen chorro de aceite, una cucharadita de vinagre, sal y pimienta. Lo mezclamos bien y lo servimos.

Trucos y consejos

Este plato en Cataluña se llama empedrat y suele hacerse con alubias frescas.

Variantes

Hay quien le añade manzana cortada en cubos, bacalao desmigado, mejillones frescos al vapor o langostinos cocidos.

;–)
Comentarios en la red

» Te digo cómo hago yo las alubias: Cojo un tarro, cuidadosamente lo abro y vierto su contenido en un colador, las paso por el grifo y listo. Creo que no me he dejado ningún paso.
Un saludo fiel :)

Escarola con romescu

Ingredientes

1 escarola
4 tomates maduros
1 pimiento choricero
½ rebanada de pan tostado
12 almendras
6 avellanas
6 dientes de ajo
Aceite de oliva
Vinagre
Sal

Elaboración

En una bandeja de horno ponemos los tomates untados con aceite y 5 dientes de ajo sin pelar. Lo metemos en el horno y lo dejamos 25 minutos a 180 °C.

En un bol con agua tibia metemos el pimiento choricero abierto y sin semillas. Lo dejamos 15 minutos y, con ayuda de una cuchara, le quitamos la carne separándola de la piel.

En el vaso de la batidora ponemos los cuatro tomates y los ajos pelados, un diente de ajo, la carne del pimiento choricero, el pan tostado troceado, las almendras, las avellanas, un buen chorro de aceite, una cucharadita de vinagre y un buen pellizco de sal. Lo trituramos todo.

Lavamos la escarola, la troceamos y la dejamos en agua media hora. La escurrimos, le añadimos la salsa y la servimos.

Trucos y consejos

La salsa se llama romescu y es típica de Tarragona. Aunque puede ser acompañamiento de muchas cosas, está especialmente buena con cebollas tiernas a la brasa (calçots).

Variantes

El xató o xatonada es una versión de esta receta que además incluye bacalao desmigado, atún, anchoas y aceitunas negras.

;–)

Comentarios en la red

» Como ya sabrás en Catalunya se dice que hay tantos romescos como romescàires. Pero al tuyo no le falta de nada. Los que no conozcáis la receta animaos a prepararla. El «romescu» pega con todo, carnes, pescados; incluso algunos se atreven a ponerlo en la pasta. Junto con el all i oli es una de las salsas que acompañan muchas de la comidas típicas catalanas. No os arrepentiréis.

Garbanzos con bacalao

Ingredientes

150 g de bacalao fino
300 g de garbanzos
1 ½ l de agua
1 puerro
1 hoja de laurel
4 dientes de ajo
1 cucharada de pimentón dulce
1 cucharada de harina
Aceite de oliva
Sal

Elaboración

La noche anterior, le quitamos la sal superficial al bacalao pasándolo por un chorro de agua. Lo metemos en un cuenco con los garbanzos –todo cubierto de agua– y lo dejamos desalando.

Al día siguiente, en una olla ponemos los garbanzos escurridos, el puerro limpio y la hoja de laurel. Añadimos el agua y lo ponemos a fuego fuerte hasta que rompa a hervir. Quitamos la espuma que se haya formado y lo dejamos durante 1 hora y media a fuego lento.

Cuando los garbanzos están blandos, retiramos el puerro y el laurel y añadimos el bacalao. Retiramos caldo hasta que queden tres dedos por encima de los garbanzos y lo dejamos 20 minutos más.

En una sartén con un chorrito de aceite sofreímos los ajos pelados y laminados. Cuando empiezan a dorarse añadimos la cucharada de pimentón y lo sofreímos unos segundos. Incorporamos la harina y también la sofreímos brevemente. Volcamos un cazo de caldo de los garbanzos y lo disolvemos todo bien para incorporarlo después sobre los garbanzos. Mezclamos y lo dejamos hasta que espese.

Trucos y consejos

Para reducir el tiempo de cocción, los garbanzos se pueden hacer en la olla exprés. Normalmente, con 30 minutos al 2 será suficiente para que estén blandos.

;–)

Comentarios en la red

» Pues mira ya te digo cómo nos ha kedao pq hace nada q acabo de probarlo, le hemos puesto medio kilo de garbanzos q parece q más o menos es lo q has puesto tú, kizas me kedó muy líquido pero aun así está muy bueno de sabor, es posible q no le haya kitao el caldo suficiente pero te juro q la próxima me saldrá mejor, saludos de los canarios fieles...

Lentejas con chorizo

Ingredientes

300 g de lentejas
2,2 l de agua
100 g de tocino entreverado
150 g de costilla de cerdo
100 g de chorizo fresco
1 cebolla
2 tomates maduros
4 dientes de ajo
1 hoja de laurel
Pimienta
Sal

Elaboración

La noche anterior ponemos las lentejas en un bol cubiertas con abundante agua. Al día siguiente, las escurrimos, las ponemos en una olla y las cubrimos con 1,2 litros de agua y lo ponemos a fuego fuerte hasta que rompa a hervir. Bajamos el fuego y lo dejamos hasta que las lentejas estén blandas, una media hora.

En una olla con aceite de oliva caliente ponemos el tocino cortado en tacos y las costillas en trozos de 10 cm, aproximadamente, y lo dejamos a fuego medio hasta que estén bien doradas.

Incorporamos la cebolla troceada, el tomate rallado, los ajos pelados y el laurel, y salpimentamos. Lo dejamos sofreír unos 10 minutos. Pasado ese tiempo, añadimos un litro de agua y dos cazos de cocer las lentejas, y lo dejamos a fuego lento durante media hora.

Finalmente, incorporamos las lentejas escurridas y el chorizo troceado y lo dejamos 5 minutos a fuego lento.

Trucos y consejos

Se suele decir que, para que las lentejas no pierdan el hierro, hay que cocerlas con un puñado de arroz o con media patata.

Variantes

Hay quien incorpora a esta receta vino blanco. Normalmente se añade después de sofreír el tocino y las costillas, raspando con una pala de madera para despegar la grasa que haya podido quedar en la base de la olla.

;–)

Comentarios en la red

» Mi madre las hace solo con verduras, además las deja enteras y después de cocerlas las retira, las hace puré y las vuelve a echar a la olla.
Le pone tomate, cebolla, zanahoria, espinacas, nabos y cardos dulces, y alguna patata.
Nunca fui muy amiga de las suyas, pero las tuyas las probaré. Tienen muy buena pinta ;)

Hummus

Ingredientes

150 g de garbanzos
1 puerro
1 hoja de laurel
1 cucharada de tahín
1 diente de ajo
Zumo de ½ limón
3 cucharadas de aceite de oliva
5 granos de comino
Pimienta
Sal

Elaboración

La noche anterior ponemos los garbanzos en remojo. Al día siguiente los escurrimos, los ponemos en la olla exprés, los cubrimos con abundante agua, añadimos el puerro, el laurel, un chorrito de aceite y sal. Tapamos la olla y lo dejamos al 2 durante unos 35 minutos.

Pasado ese tiempo, reservamos un cazo del caldo de cocer los garbanzos y los escurrimos. Los ponemos en una batidora junto al zumo de limón, el tahín, el ajo, el aceite, el comino, la pimienta y la sal. Lo batimos hasta que quede una mezcla homogénea. Si queda muy espeso, añadimos un poco del caldo de cocer los garbanzos que hemos reservado anteriormente.

Trucos y consejos

Se suele servir con aceitunas negras y un chorrito de aceite de oliva. Se puede comer con tostadas, colines o crudités, es decir, zanahorias, apio, pepinillos u otros vegetales crudos cortados en tiras.

Variantes

A la mezcla se le puede poner un poco de pimentón por encima. También se le puede añadir cilantro o perejil. Hay otra variante que consiste en sustituir el garbanzo por berenjena asada.

;–)

Comentarios en la red

» Recién leí que para evitar estar «repitiendo» el ajo, conviene quitarle el germen, esa partecita verde al centro. Tengo semanas haciéndolo y sí sirve. No afecta nada el sabor de los platillos y te quedas con buen sabor... sin exceso. Un abrazo, te ves guapísimo.

» Muy buena receta, me encanta. Yo lo hago parecido, pero le añado más agua para que quede menos espeso, y cuando está terminado lo mezclo con un puñado de garbanzos enteros y perejil picadito. Luego un poco de pimentón por encima, y me lo como así con cuchara. También está muy bueno así, pruébalo!
Salu2

Caldo de verduras

Ingredientes

½ l de agua
1 puerro
1 rama de apio
2 zanahorias
1 nabo
1 chirivía
1 ramita de perejil
1 hoja de laurel
4 dientes de ajo
Aceite de oliva
20 granos de pimienta
Sal

Elaboración

Pelamos, limpiamos y troceamos la verdura, y la metemos en una olla grande. Añadimos el perejil, el ajo, un chorrito de aceite, la hoja de laurel, los granos de pimienta y la sal. Lo cubrimos con el agua y lo ponemos a fuego fuerte hasta que rompa a hervir. Bajamos el fuego y lo dejamos unos 30 minutos a fuego lento.

Trucos y consejos

Se puede añadir col troceada, incorporándola a la receta o sustituyendo alguno de los ingredientes.

Para limpiar el puerro, se suele cortar la base y quitar una capa. Después, en la parte más verde, se hacen dos cortes en forma de cruz y se pone bajo el grifo para asegurarse de que no queda tierra.

Variantes

Hay quien sofríe la cebolla y la zanahoria con un chorrito de aceite y luego incorpora el resto de los ingredientes.

;–)

Comentarios en la red

» He hexo la receta (q no me convencia muxo...) y la verdad es q me ha encantado!! TODOS LOS DÍAS SE APRENDE ALGO NUEVO!! :D el cocinero fiel 4ever!

Espaguetis con salsa de nata

Ingredientes

6 lonchas de ½ cm de panceta ahumada
1 cebolla grande
2 dientes de ajo tierno
1 copa de vino blanco
200 ml de nata líquida
300 g de espaguetis secos
Albahaca fresca
Pimienta
Sal

Elaboración

Cortamos la panceta en tiras y las freímos en su propia grasa hasta que esté bien dorada. La retiramos y la reservamos.

En la misma sartén, añadimos un chorrito de aceite, y la cebolla y el ajo bien picados. Salpimentamos y lo dejamos hasta que la cebolla esté tierna.

Añadimos la copa de vino blanco y lo dejamos reducir.

Reincorporamos la panceta y agregamos la nata líquida. Lo mezclamos todo bien. Rectificamos de sal y, pasados 2 o 3 minutos, añadimos la albahaca y lo retiramos del fuego.

Los espaguetis los hacemos en abundante agua hirviendo con sal hasta que estén a nuestro gusto.

Trucos y consejos

Para servirlo, tenemos dos opciones: podemos mezclar los espaguetis con la salsa, o podemos servir la salsa por un lado y los espaguetis por otro, para que cada comensal se sirva a su gusto.

Está muy bien tener en la mesa una cuña de parmesano o algún queso curado para servir también en el momento.

Variantes

Subí una versión de esta receta con el nombre de espaguetis carbonara y ha sido muy polémica porque, aunque aquí a los carbonara les ponemos nata, en Italia se suele hacer de otra manera. Podéis ver la receta a continuación.

;-)

Comentarios en la red

» Los espaguetis a la carbonara, están deliciosos.
Te felicito por esta y todas tus recetas.
Soy seguidora tuya y siempre cocino para mis nietos.
Tengo 70 años y me dan mucha vidilla tus recetas.
Te vuelvo a felicitar y hasta pronto.

Espaguetis carbonara

Ingredientes

4 yemas de huevo
75 g de queso parmesano rayado
200 g de panceta ahumada
300 g de espaguetis secos
10 hojas de albahaca
Pimienta
Sal

Elaboración

Cortamos la panceta en tiras y la freímos en su propia grasa hasta que esté bien dorada.

En un bol grande mezclamos las yemas de huevo batidas con el parmesano y salpimentamos. También podemos añadir un pellizco de nuez moscada rallada.

Hacemos los espaguetis en abundante agua hirviendo con sal durante el tiempo que indique el fabricante o en función de nuestro gusto.

Los escurrimos y los volcamos en el bol. Añadimos la panceta y la albahaca, y lo mezclamos todo antes de servirlo.

Trucos y consejos

Así es como sirven los espaguetis carbonara en Italia, pero lo cierto es que, en muchos sitios, entendemos por carbonara la receta anterior.

La panceta puede hacerse de dos maneras: dejarla a fuego muy lento para confitarla o freírla con fuego vivo para que quede crujiente.

;–)
Comentarios en la red

» Después de vivir 18 años en Italia, nunca me ha gustado la «original» por lo del huevo crudo que «tendría» que cocerse con el calor de la pasta, pero en realidad nunca sucede.
Yo mezclo el huevo, el parmesano y la panceta, los salteo y luego agrego a la pasta.
Saludos

Espaguetis al pesto

Ingredientes

300 g de espaguetis secos
25 g de piñones
75 g de queso parmesano rallado
10 hojas de albahaca
2 ajos tiernos
75 ml de aceite de oliva
Pimienta
Sal

Elaboración

En un recipiente en el que nos quepan todos los ingredientes para batirlos ponemos los piñones, la albahaca, el parmesano, los ajos, un buen chorro de aceite y un pellizco de pimienta y otro de sal.

Lo batimos hasta conseguir una mezcla homogénea. Si nos gusta más líquido, podemos añadir más aceite.

Los espaguetis los hacemos en abundante agua hirviendo con sal hasta que estén a nuestro gusto. Podemos servir la salsa mezclada con los espaguetis o por separado.

Trucos y consejos

Una vez escurridos los espaguetis, si los servimos por separado, les podemos añadir un chorrito de aceite para que estén más sueltos y una pizca de pimienta negra recién molida.

También podemos agregar unos piñones enteros tostados en la sartén con un chorrito de aceite.

Variantes

Los piñones se pueden sustituir por cacahuetes o nueces.

No es imprescindible que el queso sea parmesano, con uno de oveja bien curado quedan excelentes.

;–)

Comentarios en la red

» El secreto del pesto, según decía mi abuela italiana, es prepararlo con antelación y dejarlo macerar en un frasco de vidrio cubierto de aceite de oliva unos 4-5 días. La verdad es que el sabor resulta mucho más intenso de esa manera. Saludos cocinero fiel! Muchas gracias x tus recetas!

Espaguetis con almejas

Ingredientes

300 g de espaguetis secos
200 g de almejas
150 g de tomates cherry
4 dientes de ajo
Perejil
Aceite de oliva
Pimienta
Sal

Elaboración

Lavamos las almejas bajo un chorro de agua. Las escurrimos bien y las ponemos en una cazuela con un poquito de aceite. Cuando se hayan abierto, las retiramos y colamos el aceite por si hubiera alguna impureza. Las reservamos cubiertas por el aceite colado.

Picamos los ajos y los ponemos a freír unos segundos en aceite. Añadimos los tomates cortados por la mitad y salpimentamos.

Pasados entre 5 y 10 minutos estarán tiernos y podremos agregar las almejas y el perejil picado. Lo mezclamos y lo dejamos apenas 2 minutos. Por último, añadimos los espaguetis que habremos hecho en abundante agua hirviendo con sal.

Trucos y consejos

En lugar de utilizar aceite de oliva para abrir las almejas, se puede hacer con una copa de vino blanco.

;–)

Comentarios en la red

» Campeón, me has sorprendido con esta receta, se ve buenísima y fácil. Supongo que lo sabrás, pero para que las almejas suelten toda la tierra, hay que dejarlas 1 hora en un bol con agua y sal. Entonces respiran y sueltan toda la arena, la verdad que funciona y se nota, porque en el culo del vaso verás toda la arena :)
He leído por ahí abajo que con limón podría estar más bueno, y la verdad que sí, tiene que estar eso buenísimo...!!
Saludo Campeón

Espaguetis con queso ahumado y berenjena

Ingredientes

300 g de espaguetis o tallarines secos
2 berenjenas
12 tomates cherry
200 g de queso ahumado
Aceite de oliva
Pimienta
Sal

Elaboración

Cortamos la berenjena en dados y la ponemos a freír en una sartén con aceite caliente. Salpimentamos y la dejamos a fuego lento hasta que esté tierna.

Partimos los tomates por la mitad, los salpimentamos y los añadimos. Los salteamos durante un par de minutos.

Apagamos el fuego y agregamos el queso cortado en dados. Lo mezclamos bien y añadimos la pasta que habremos hecho en agua hirviendo con sal a nuestro gusto.

Trucos y consejos

Podemos hacerlos también con tomates maduros. En ambos casos, se puede dejar que se hagan del todo o saltearlos brevemente. Si el tomate es de temporada y está algo crudo, suele quedar muy bien.

Variantes

El mejor queso para hacer esta receta es uno italiano que se llama scamorza affumicata. Cada vez es más popular, pero en internet me han sugerido muchos quesos para sustituirlo, entre ellos, provolone, gouda, cheddar, san simón, idiazabal, port salute y teta gallega.

;–)

Comentarios en la red

» scarmoqué? la primera vez que oigo ese nombre. no creo que me sea fácil encontrarlo, pero la receta me ha cautivado y cuando haga algún viaje al corte inglés lo buscaré en el rincón del gourmet. seguro que allí lo tienen. que estas koplovitz tienen de tó. jaja.
gracias por la receta.
saludos

Espaguetis boloñesa

Ingredientes

200 g de carne picada de ternera
100 g de carne picada de cerdo
1 zanahoria grande
1 cebolla grande
2 dientes de ajo
75 ml de vino tinto
100 ml de caldo de ave
(v. receta en pág. 200)
6 tomates maduros
300 g de espaguetis
Orégano
Nuez moscada
Laurel
Pimienta
Sal

Elaboración

Cubrimos una sartén grande con aceite y, cuando está caliente, añadimos la cebolla y la zanahoria ralladas y salpimentamos. Podemos hacerlo a fuego medio/alto si removemos a menudo.

En cuanto la cebolla empieza a transparentar, hacemos un hueco en medio y añadimos el ajo picado. Dejamos que se dore y lo apartamos, como hemos hecho anteriormente, para añadir la carne salpimentada. Es importante hacerlo a tandas e ir separándola con una cuchara de madera para que quede totalmente suelta.

Cuando está bien dorada, añadimos un pellizco de orégano, un poco de nuez moscada rallada y una hoja de laurel, lo mezclamos bien y añadimos el caldo de ave.

Lo dejamos reducir hasta que la mezcla vuelve a estar seca y añadimos el vino. Dejamos que reduzca de nuevo.

Por último, añadimos el tomate rallado, probamos de sal y pimienta, y lo dejamos entre 15 y 20 minutos a fuego lento.

Los espaguetis los hacemos en abundante agua hirviendo con sal hasta que estén a nuestro gusto. Podemos servir la salsa mezclada con los espaguetis o por separado.

Trucos y consejos

Cuando se pone agua a hervir para cocer los espaguetis, la sal debe añadirse una vez ha roto el hervor, si se pone al principio, el agua tarda más en hervir.

¿Se debe poner aceite en el agua? Hay opiniones para todos los gustos. La idea de poner aceite en el agua es evitar que los espaguetis se queden apelmazados, así que si se remueven y se presta atención, no es necesario.

Variantes

Se puede sustituir la zanahoria por pimiento rojo. En este caso, para compensar la acidez del tomate, es recomendable poner una cucharadita de azúcar.

También le va muy bien una cucharadita de pimentón dulce, que deberíamos añadir junto a las especias secas.

Hay quien, además de la carne picada, utiliza panceta ahumada cortada en tiras, que da un toque muy recomendable.

;–)

Comentarios en la red

» Yo siempre hice eso, pero no sabía que se llamaba así jaja, para mí eran tallarines nada más mmmmmm. O sea, que cociné a la boloñesa y no me di cuenta jaja.

Macarrones con chorizo

Ingredientes

150 g de panceta ahumada
100 g de chorizo
1 cebolla
1 zanahoria
½ pimiento rojo
2 dientes de ajo
6 tomates maduros
75 g de queso rallado
25 g de mantequilla
Aceite de oliva
Pimienta
Sal

Para la bechamel
25 g de mantequilla
25 g de harina
¼ de litro de leche
Nuez moscada
Pimienta
Sal

Elaboración

Troceamos bien la cebolla, la zanahoria y el pimiento rojo; salpimentamos y lo sofreímos a fuego medio en una sartén con aceite caliente.

Cuando las verduras están tiernas, añadimos el ajo picado, la panceta cortada en tiras y el chorizo desmenuzado. Cuando la mezcla coge color, se agrega el tomate rallado y se deja entre 10 y 15 minutos a fuego lento.

Para la bechamel, deshacemos la mantequilla en un cazo a fuego medio. Añadimos la harina, la mezclamos con varillas y la tostamos hasta que coja algo de color. Incorporamos la leche a tandas hasta obtener una mezcla homogénea de espesor medio y sin grumos. Salpimentamos y añadimos nuez moscada rallada al gusto.

Cocemos los macarrones en abundante agua hirviendo con sal. Los escurrimos, los mezclamos con la salsa y los volcamos en una fuente honda para horno. Cubrimos con la salsa bechamel, añadimos el queso rallado y ponemos un poco de mantequilla bien distribuida por encima. Lo gratinamos en el horno hasta que se tueste la superficie.

Trucos y consejos

Se puede hacer con todo tipo de chorizos, pero yo prefiero hacerlo con chorizo fresco. La carne está más tierna y se deshace mejor. Además, el resultado es más suave.

;–)

Comentarios en la red

» Wieder einmal ein SUPER REZEPT. Ich werde es gleich morgen zubereiten. Vielen Dank dafür.

[Como siempre, una receta excelente. La probaré mañana. Muchas gracias.]

Lasaña de verduras

Ingredientes

Pasta para lasaña
1 ½ cebollas
10 espárragos verdes
½ calabacín
½ pimiento verde
½ pimiento rojo
100 g de setas
4 ajos tiernos
50 g de aceituna negra Aragón
150 ml de nata para cocinar
50 g de roquefort
100 ml de salsa bechamel
(v. receta en pág. 100)
25 g de mantequilla
50 g de queso rallado
Aceite de oliva
Pimienta
Sal

Elaboración

Cortamos en tiras una cebolla, el calabacín y el pimiento, y lo ponemos a freír, junto con los espárragos, en una sartén con aceite caliente. Añadimos el ajo bien picado, salpimentamos y lo dejamos a fuego lento hasta que las verduras estén tiernas.

Por otro lado, troceamos los ajos tiernos y los doramos en una sartén con aceite, incorporamos las setas y las aceitunas deshuesadas, y lo dejamos a fuego medio hasta que las setas estén a nuestro gusto.

Picamos la media cebolla restante y la sofreímos en un cazo con la mantequilla fundida. Cuando está tierna, añadimos el roquefort y la nata líquida, y removemos hasta que quede una mezcla homogénea.

Cocemos la pasta de lasaña siguiendo las indicaciones del fabricante. Si es precocida, habrá que tenerlo en cuenta a la hora de hornear.

En un recipiente para horno, ponemos una capa de pasta de lasaña y añadimos la mitad de la verdura cubierta por la mitad de la salsa roquefort. Ponemos otra capa de pasta de lasaña y añadimos las setas. Lo volvemos a cubrir y añadimos el resto de la verdura cubierta por la salsa roquefort que nos queda. Lo cubrimos con otra capa de pasta y terminamos con la bechamel y el queso rallado.

Lo gratinamos en el horno hasta que la superficie esté dorada y crujiente. Según el tipo de pasta de lasaña, puede ser necesario dejarlo hasta 40 minutos en el horno a unos 180 °C hasta que esté lista.

Trucos y consejos

Si nos gusta que quede bien dorada la superficie, no hay más que cubrirla con dados de mantequilla distribuidos uniformemente sobre el queso.

Variantes

Esta receta acepta casi cualquier tipo de verdura, dependerá del gusto del comensal. Solo hay que tener en cuenta que la gran aportación de sabor viene del roquefort, que es fuerte y salado y, en menor medida, de las aceitunas.

;-)
Comentarios en la red

» Acabo de encontrar este blog y está muy bien, me encanta la cocina (en plan hobby) así que iré practicando a ver qué tal me van saliendo las cosas. La primera que probaré será esta, pues me encanta la lasaña pero siempre de carne o atún aburre un poco, probaré y os contaré. Muchas gracias por el blog e impresionantes los vídeos. Un saludo.

Lasaña de carne

Ingredientes

Pasta para lasaña
150 g de carne picada de ternera
150 g de carne picada de cerdo
1 cebolla
2 dientes de ajo
1 berenjena
1 copa de brandi
4 tomates maduros
75 g de parmesano rallado
100 ml de salsa bechamel
(v. receta en pág. 100)
25 g de mantequilla
Aceite de oliva
Orégano
Tomillo
Pimienta
Sal

Elaboración

Cortamos la berenjena en láminas en sentido longitudinal, de 1 cm de grosor, aproximadamente. Las salamos bien y las dejamos reposar media hora para que suelten el agua de vegetación.

Picamos la cebolla y la sofreímos en una sartén con aceite caliente. Salpimentamos. Picamos bien el ajo y lo añadimos.

Cuando la cebolla está tierna, hacemos un hueco en el centro e incorporamos la carne picada. Salpimentamos y la vamos troceando con una cuchara de madera para que quede bien suelta. Añadimos orégano y tomillo, y lo dejamos hasta que la carne esté bien dorada, momento en el que agregamos la copa de brandi y lo flameamos.

Pelamos y troceamos el tomate y lo incorporamos. Lo dejamos a fuego lento entre 10 y 15 minutos.

Quitamos la sal a la berenjena bajo un chorro de agua fría y la secamos con una servilleta de papel. La hacemos a la plancha en una sartén con un chorrito de aceite, entre 3 y 4 minutos por lado.

Preparamos una bechamel y le incorporamos la mitad del parmesano rallado.

Cocemos la pasta de lasaña siguiendo las indicaciones del fabricante. Si es precocida, habrá que tenerlo en cuenta a la hora de hornear.

En un recipiente para horno, ponemos una capa de pasta de lasaña y la cubrimos con la mitad de la carne. Añadimos otra capa de pasta y ponemos la berenjena bien distribuida y cubierta de la mitad de la salsa bechamel. Ponemos otra capa de lasaña cubierta del resto de la carne. Una última de lasaña, y terminamos con el resto de la bechamel y del queso rallado. Añadimos unos tacos de mantequilla y la metemos en el horno.

Dependiendo del tipo de pasta tendrá que estar más o menos tiempo. Si la hemos hervido, con 5 minutos a 200 °C será suficiente, si no habrá que seguir las indicaciones del fabricante.

Variantes

Se puede hacer con la salsa boloñesa que hemos visto en la receta de espaguetis o también con chorizo, como en la de macarrones.

Si se prefiere no utilizar una bebida alcohólica, se puede incorporar una zanahoria o una cucharada de azúcar para compensar la acidez del tomate.

Una buena versión de esta receta consiste en sustituir la pasta de lasaña por patatas cortadas en láminas de 1 cm de ancho y fritas en aceite de oliva a fuego medio.

;-)

Comentarios en la red

» Hola, tengo once anos y me encantan tus recetas.

Canelones de pollo

Ingredientes

Pasta para canelones
½ pollo troceado
1 cebolla
4 dientes de ajo
½ pimiento rojo
2 tomates maduros
200 ml de leche
50 g de mantequilla
100 ml de salsa bechamel
(v. receta en pág. 100)
50 g de queso rallado
25 g de mantequilla
Tomillo
Laurel
Pimienta
Sal

Elaboración

Salpimentamos el pollo y lo doramos en una sartén con un chorrito de aceite, junto a los cuatro dientes de ajo sin pelar. Entre 5 y 10 minutos por cada lado.

Incorporamos la cebolla, el pimiento y los tomates –cortado todo en trozos grandes– y añadimos sal, pimienta, tomillo y laurel. Lo dejamos a fuego lento hasta que el pollo esté hecho por dentro. Unos 20 minutos, aproximadamente.

Hacemos la pasta para canelones siguiendo las indicaciones del fabricante. Normalmente, hirviéndola en abundante agua con sal durante unos 10 minutos, escurriéndola después con un colador y, posteriormente, sobre un paño de cocina.

Dejamos enfriar el pollo y lo deshuesamos. Lo ponemos en un recipiente para triturarlo e incorporamos las verduras bien escurridas. Lo batimos hasta que quede una mezcla homogénea, si queda demasiado sólida, podemos incorporar parte de la salsa de hacer el pollo.

Montamos los canelones con un par de cucharadas de la mezcla, aproximadamente. Cubrimos la base de un recipiente para horno con la mitad de la bechamel y los vamos colocando. Los cubrimos con el resto de la bechamel, agregamos el queso y la mantequilla en dados bien distribuida por la superficie, y gratinamos en el horno a unos 200 °C durante 5 minutos.

Trucos y consejos

Es importante que la mezcla quede relativamente sólida. Si no es así, será muy difícil montar los canelones. Por ello recomiendo que se escurran bien los jugos que han soltado tanto el pollo como las verduras. Si queda demasiado espesa, siempre se puede ir añadiendo algo de la salsa a la mezcla mientras se bate.

Variantes

El hígado de pollo o incluso los sesos de ternera le dan un toque muy especial. Evidentemente, no es para todo el mundo, pero estoy convencido de que si os lo dan a probar sin contaros qué ingredientes tiene, lo preferiréis.

;–)

Comentarios en la red

» Pues son la 1:30 de la mañana y mi mujer anda toda emocionada porque ha encontrado tus recetas. Yo creo que el que va a estar más emocionado voy a ser yo mañana. Por mi parte que viva el cocinero fiel.

Canelones de espinacas y queso

Ingredientes

Pasta para canelones
150 g de espinacas
75 g de queso gorgonzola
50 g de queso parmesano
25 g de mantequilla
150 ml de salsa bechamel
(v. receta en pág. 100)
Pimienta
Sal

Elaboración

En una olla grande ponemos agua a hervir. Añadimos un pellizco de sal e incorporamos las espinacas. En 2 o 3 minutos estarán listas. Las escurrimos y las reservamos.

En otra olla con agua hirviendo con sal, cocemos las láminas de pasta para canelones siguiendo las indicaciones del fabricante. Hay que incorporarlas una a una y vigilar para que no se peguen entre ellas. Las escurrimos bien y las distribuimos sobre un paño de cocina hasta que se enfríen.

Preparamos la bechamel. Reservamos la mitad, y al resto le añadimos el queso gorgonzola, removiendo hasta que se haya disuelto bien y quede una mezcla homogénea que, a su vez, mezclamos con las espinacas bien picadas. También podemos triturarlo todo con batidora.

Cubrimos la base de un recipiente para horno con la mitad de la bechamel que hemos reservado. Montamos los canelones con dos cucharadas de la mezcla por cada canelón y los colocamos en el recipiente. Los cubrimos con el resto de la bechamel, distribuimos el queso parmesano por encima y la mantequilla en tacos también distribuida uniformemente en la superficie. Lo metemos en el horno a gratinar durante unos 5 minutos a 200 °C.

Trucos y consejos

El queso gorgonzola es bastante fuerte, si no lo has utilizado antes, es mejor que lo pruebes. También queda muy bien con roquefort. Pero si interesa hacerlo más suave, siempre se puede utilizar un queso poco curado.

Variantes

Esta es una versión vegetariana, pero se puede cortar una pechuga de pollo en filetes finos y enrollarlos como si fuera un canelón con el relleno de espinacas. Después se fríen en una sartén con aceite de oliva, a fuego lento para que se haga el pollo de manera uniforme.

;-)

Comentarios en la red

» Hola, yo cuando cuezo la pasta de los canelones le añado al agua un chorro de aceite, así evitas que se pegue. En Italia (vivo en Italia desde hace 7 años) este tipo de canelones se hacen con un relleno de espinacas y queso ricotta en partes iguales y se le añade un poco de parmesano a la mezcla. No son tan fuertes como con el gorgonzola (a mí personalmente no me gusta).

Ñoquis al roquefort

Ingredientes

2 patatas grandes
100 g de harina
2 yemas de huevo
25 g de mantequilla
75 g de queso roquefort
200 ml de nata líquida
Nuez moscada
Pimienta
Sal

Elaboración

Salpimentamos las patatas, les ponemos un chorrito de agua y las envolvemos en papel de aluminio. Las metemos en el horno a 180 °C durante 40 minutos. Las sacamos y, todavía en caliente, las pelamos y cortamos en trozos grandes. Las trituramos en el pasapurés y a continuación extendemos el puré sobre una superficie plana sobre la que podamos trabajar. Dejamos que se enfríe.

Espolvoreamos harina sobre el puré y lo vamos mezclando con mucha suavidad. La idea es que la patata quede como granos de arroz. Añadimos sal, pimienta y nuez moscada, y seguimos mezclando.

Incorporamos las yemas de huevo batidas, volvemos a espolvorear con harina y lo mezclamos todo bien, siempre con suavidad para que quede esponjoso. Hay que ir añadiendo harina hasta que la mezcla deje de estar pegajosa.

Cuando alcance una textura homogénea, le damos forma rectangular, de 1 cm de alto, y la cortamos en tiras de 2 cm de ancho. Volvemos a espolvorear con harina y redondeamos las tiras haciéndolas rodar con las manos. Debe quedar un churro de 1 ½ cm de diámetro, aproximadamente. Los cortamos para hacer los ñoquis, que tendrán unos 2 cm de ancho. Cuando los tengamos todos, los metemos en la nevera y los dejamos reposar unas 4 horas.

Para la salsa, ponemos la mantequilla en un cazo a fuego medio y, una vez derretida, añadimos el queso roquefort y la nata líquida, y vamos removiendo hasta que el queso se disuelva.

Cocemos los ñoquis en abundante agua hirviendo –incorporándolos poco a poco– y los retiramos en cuanto salen a flote. Los escurrimos y los mezclamos con la salsa.

Trucos y consejos

Para mezclar la patata con la harina, va muy bien utilizar una espátula metálica ancha.

Hay quien hierve la patata en lugar de hacerla en el horno.

Variantes

La variante más interesante consiste en incorporar espinacas. Deben hervirse, escurrirse muy bien y, después, picarse. Se añaden a la patata después de pasarla por el pasapurés. Con unos 100 g de espinacas es suficiente.

;–)

Comentarios en la red

» He hecho la receta pero tengo que decir que es bastante laboriosa. Cuando la estás haciendo no te crees que de ahí va a salir una masa maleable, ¡no veas la de harina que chupan los condenados! Bueno, a pesar de todo, salieron (increíblemente, después de mis dudas) pero lo que no me salió fue la doblez, o moldura que haces para que se adhiera la salsa a los ñoquis, se me deshacían si los tocaba, así que los dejé redonditos.

Pizza de atún

Ingredientes

400 g de harina
25 g de levadura de pan
½ cebolla
½ pimiento verde
3 tomates maduros
1 diente de ajo
150 g de mozzarella
75 g de atún
25 g de aceitunas negras
Agua
10 hojas de albahaca
Orégano
Aceite de oliva
Pimienta
Sal

Elaboración

Disolvemos en medio vaso de agua la levadura. Formamos una montaña con casi toda la harina y le hacemos un agujero en el centro, como si fuera un volcán. Incorporamos la levadura disuelta y vamos mezclándola con la harina poco a poco. Es muy probable que quede demasiado seca, así que añadimos agua en pocas cantidades y una cucharada sopera de aceite, y la amasamos hasta que quede una masa flexible y no pegajosa.

Una vez está bien amasada, lo que nos llevará entre 5 y 10 minutos, la ponemos en un recipiente grande, la cubrimos con un paño húmedo y la dejamos reposar hasta que doble su volumen, una media hora. Mejor si está a una temperatura alrededor de los 20 °C.

Por otro lado, picamos el ajo y lo sofreímos en una sartén con un chorrito de aceite. Cuando empieza a tomar color, añadimos los tomates pelados y rallados y salpimentamos. Lo dejamos hasta que tome color. Lo retiramos y dejamos que temple.

Extendemos la masa sobre una superficie en la que hemos espolvoreado harina para que no se pegue. Lo hacemos con cuidado para que se conserve esponjosa. La ponemos en una bandeja de horno y la cubrimos con la salsa de tomate. Añadimos el queso desmenuzado y distribuido uniformemente sobre la superficie. Distribuimos la cebolla y el pimiento bien picados y el atún desmenuzado. Colocamos también las aceitunas y las hojas de albahaca.

Lo metemos en el horno –que debe estar precalentado a 200 °C– y lo dejamos con calor en la parte de abajo durante 30 minutos. Comprobamos si la masa está lista; si lo está, ponemos la parte de arriba durante unos segundos hasta que se dore la superficie y retiramos.

Trucos y consejos

En principio, la harina que va mejor es la de fuerza y hay quien le pone a la masa un pellizco de sal y otro de azúcar para que no quede insípida.

Cada horno es un mundo, e incluso varían las temperaturas y tiempos según la estación del año, así que recomiendo ir probando hasta que se encuentre duración y temperatura ideales.

Variantes

Si prescindimos del atún, tenemos una receta básica de pizza a la que le podemos añadir lo que queramos. Chorizo, berenjena en rodajas finas, anchoas, rúcula, quesos varios...

Existen harinas con la levadura incorporada que son muy fáciles de preparar siguiendo las indicaciones del fabricante. Con tomate frito enlatado también queda muy bien y se ahorra mucho tiempo.

;-)

Comentarios en la red

» Sí qué bárbaroo! ahora sí que sé cocinar! jaja, ya toda mi familia se reúne en la cocina para probar tus deliciosas recetas! Gracias! gracias!!

Arroz negro

Ingredientes

300 g de arroz
1 cebolla
2 tomates maduros
2 sepias
700 ml de caldo de pescado
(v. receta en pág. 216)
Tinta de la sepia
Aceite de oliva
Sal

Elaboración

En una paella con un chorro de aceite caliente ponemos la cebolla bien picada y salpimentada. Cuando empieza a transparentar, añadimos el tomate pelado y troceado y lo sofreímos durante unos 10 minutos a fuego medio y removiendo de vez en cuando.

Pasado ese tiempo, añadimos la sepia sazonada y cortada en trozos pequeños, y la dejamos hasta que esté bien tierna. Incorporamos el arroz y lo sofreímos durante un par de minutos.

Disolvemos la tinta en el caldo, que debe estar hirviendo, y lo agregamos al arroz. Lo dejamos a fuego medio durante 18 minutos.

Trucos y consejos

A esta receta la va muy bien el alioli. Es muy fácil de hacer. En un mortero, se maja un diente de ajo pelado con un pellizco de sal, se incorpora una yema de huevo asegurándose de que no quede nada de clara y, posteriormente, se va añadiendo aceite de oliva poco a poco y sin dejar de remover hasta que cuaja y queda una mezcla espesa.

Variantes

Juanry, un arrocero de Valencia que también tiene videoblog (La cocina de Juanry), *comenta que un arroz lleva o cebolla o tomate, nunca las dos cosas. Así que esta receta seguro que no le gusta :)*

;–)

Comentarios en la red

» Muy buena la receta Campeón como siempre te sales, pero... la sepia si antes la marcas en la paella, esta que tienes tan bonita... y luego sofríes todo y lo desglasas (quitar la grasa pegada con un alcohol y dejarlo evaporar) con un poco de vino queda más bueno ya que la cebolla coge el sabor del calamar/ sepia, y sobre la tinta es mejor disolverla cuando echas el caldo... muy buena la receta FELICIDADES ;)

Arroz con costra

Ingredientes

300 g de arroz
700 ml de caldo de ave
(v. receta en pág. 200)
2 muslos de pollo con contramuslo
½ conejo
100 g de butifarra negra
100 g de butifarra blanca
4 tomates maduros
2 dientes de ajo
6 huevos
75 g de garbanzos cocidos
1 cucharada de pimentón dulce
Tomillo
Pimienta
Sal

Elaboración

Troceamos el pollo y el conejo, lo salpimentamos, y lo doramos en una cazuela de barro con un chorro de aceite y dos dientes de ajo sin pelar. Si es necesario, lo hacemos por tandas para que no se amontone. Lo retiramos y lo reservamos.

Después, doramos la butifarra blanca también troceada toscamente. La retiramos y, en el mismo aceite, sofreímos el pimentón durante un minuto y añadimos el tomate pelado, troceado y con un pellizco de sal. Lo dejamos unos 10 minutos a fuego lento.

Añadimos el arroz, lo sofreímos un par de minutos y reincorporamos el pollo, el conejo y la butifarra blanca. Lo cubrimos con el caldo –que debe estar hirviendo–, y añadimos la butifarra negra troceada y los garbanzos, todo bien distribuido. Además, añadimos un pellizco de tomillo.

Lo dejamos a fuego medio durante 15 minutos. Pasado ese tiempo lo cubrimos con los huevos batidos, que distribuimos uniformemente sobre la superficie. Lo metemos en el horno, que debe estar precalentado a tope, y lo dejamos 5 minutos.

Trucos y consejos

Casi todos los arroces tipo paella se pueden acabar de hacer en el horno. Siempre debe estar precalentado. Con ello nos aseguramos de que quede bien seco sin quemarse la parte de abajo. En muchos restaurantes lo hacen así.

Variantes

En Elche, de donde es originaria la receta, también utilizan longaniza roja y blanca. La verdad es que es un plato que va muy bien para cuando hay mucha gente, con la idea de que cada comensal pruebe un trozo de cada cosa.

;–)

Comentarios en la red

» Este plato es típico de Pego (Alicante) y allí hacen una fiesta para ver quién lo hace mejor. Se llama Arròs amb crosta y creo que puedes pedir información en la página de dicha ciudad. Los valencianos de La Marina Alta hacemos este plato todas las semanas y su variante que es el Arròs al forn. Este último lleva además una cabeza de ajos y por encima lonchitas de patata sofritas y unos trocitos de pimiento rojo también sofritos, además de los garbanzos y la carne igual, pero sin huevo.

Arroz caldoso con bogavante

Ingredientes

300 g de arroz
1 ½ l de caldo de pescado
(v. receta en pág. 216)
1 bogavante
1 cola de rape
4 tomates maduros
2 dientes de ajo
½ guindilla
1 cucharada de colorante natural
Aceite de oliva
Sal

Elaboración

Partimos el bogavante en cuatro trozos, quitándole las pinzas primero y abriéndolo por la mitad. Golpeamos las pinzas con un mazo para que luego sea más fácil comerse la carne de su interior.

En una olla grande con seis cucharadas de aceite, mareamos durante un minuto la media guindilla abierta por la mitad y sin semillas. La retiramos y añadimos el bogavante sazonado. Lo sofreímos por ambos lados –por tandas para que no se amontone en la olla– hasta que coja un color rojizo. Lo retiramos y lo reservamos.

En el mismo aceite, sofreímos la cola de rape que, previamente, hemos desespinado, troceado y salpimentado. Cuando coja color, retiramos y lo reservamos.

Sofreímos los ajos picados durante un par de minutos y añadimos los tomates pelados, sazonados y troceados. Lo dejamos a fuego lento hasta que el tomate esté tierno.

Añadimos el arroz y lo sofreímos durante un par de minutos con el tomate. Incorporamos el caldo, el rape y el bogavante, corregimos de sal y lo dejamos hirviendo a fuego medio/bajo durante unos 16 minutos.

Trucos y consejos

Una vez listo el arroz, si no se sirve inmediatamente, se seguirá haciendo en el caldo y acabará pasándose. Para evitarlo, podemos colarlo y servir el caldo por un lado, el arroz por el otro, y el bogavante y el rape por otro.

Variantes

Si no queremos que pique, prescindimos de la guindilla y añadimos una cucharada de pimentón dulce junto al tomate.

Se puede utilizar bogavante europeo o americano. El americano es más pequeño y bastante más barato, pero no tan bueno. Si es la primera vez que preparas este plato, mejor compra americano.

;–)

Comentarios en la red

» La langosta (palinurus elephas) y el bogavante (homarus gammarus), son animales diferentes, aunque emparentados. Más concretamente, la langosta en inglés creo que es spiny lobster. En Latinoamérica, comúnmente se las denomina genéricamente como «langostas». Por cierto Cocinero Fiel ¿para cuándo esas gambas? Un abrazo a todos.

Arroz con sepia y alcachofas

Ingredientes

300 g de arroz
700 ml de caldo de pescado
(v. receta en pág. 216)
1 sepia
75 g de guisantes
4 alcachofas
2 ñoras o 1 pimiento choricero
2 dientes de ajo
2 tomates maduros
Sal
Azafrán

Elaboración

Abrimos la ñora, le quitamos las semillas, la troceamos y la freímos en una paella con un buen chorro de aceite junto al ajo cortado en láminas. Cuando el ajo empieza a dorarse, añadimos unas hebras de azafrán y lo salteamos durante un minuto. Lo retiramos y, con ayuda de un mortero, lo majamos bien.

En el mismo aceite freímos la sepia limpia y troceada. Cuando toma color, añadimos los corazones de las alcachofas, los guisantes y el tomate, y lo dejamos a fuego medio durante 10 minutos, removiendo de vez en cuando.

Agregamos el arroz y lo sofreímos durante un par de minutos. Incorporamos el caldo y lo dejamos a fuego medio hasta que se consuma, unos 18 minutos.

Trucos y consejos

Para que quede más suave, se pueden hidratar las ñoras o los pimientos choriceros. No hay más que cubrirlos de agua tibia y dejarlos durante 1 hora. Después, con ayuda de una cuchara, les retiramos la carne y la incorporamos a la picada junto al ajo y el azafrán.

Variantes

Este arroz también se puede servir meloso, es decir, con el arroz con algo de caldo. En ese caso, habría que añadir unos 900 ml de caldo y retirarlo pasados 16 minutos, ya que el arroz se seguirá haciendo una vez se haya retirado del fuego.

;-)

Comentarios en la red

» Un cordial saludo desde Illinois. Sigo tus recetas todas las semanas y es una gran ayuda para combatir la nostalgia de vivir lejos de España. Acabo de encontrar un super italiano con buenas alcachofas y sepia congelada, así que esta receta no se me escapa.
La anterior la hice con cordero australiano, que no es igual que el ternasco de Aragón, pero estaba de muerte.

Arroz con bacalao

Ingredientes

300 g de arroz
700 ml de agua
200 g de bacalao desmigado y desalado
1 pimiento verde italiano
1 cebolla tierna
1 tomate maduro
75 g de garbanzos cocidos
Aceite de oliva

Elaboración

En una paella, con un chorrito de aceite sofreímos la cebolla y el pimiento bien picados. Cuando la cebolla empieza a transparentar, añadimos el tomate rallado y lo dejamos unos 5 minutos a fuego medio, removiendo de vez en cuando.

Añadimos el bacalao desmigado y los garbanzos, y lo cubrimos con el agua. Lo dejamos a fuego medio durante 18 minutos, tiempo en el que debe consumirse todo el caldo.

Trucos y consejos

El bacalao desmigado tarda poco en desalar. Si le quitamos la sal bajo el grifo y lo ponemos 2 horas en agua, probablemente sea suficiente. Hay que tener en cuenta que nos interesa que conserve algo de sal, ya que al arroz no se la añadimos en ningún momento.

Variantes

Queda más sabroso si, en lugar de añadir agua, utilizamos la misma cantidad de caldo de pescado. En tal caso, deberemos tener en cuenta que el caldo puede contener sal y nos podría interesar desalar más el bacalao.

;-)

Comentarios en la red

» Lo acabo de hacer y me ha quedado buenísimo, espero que a mi chico le guste, que está a punto de llegar! jajaja si no, me lo como yo todo! jajajajaa
Gracias cocinero fiel!

» Es un error ver estos vídeos en la oficina a la hora del almuerzo. ¡¡Pero qué hambre!! :) Otro éxito Cocinero Fiel. Felicidades.

Arroz del senyoret

Ingredientes

300 g de arroz
100 g de berberechos
100 g de almejas
100 g de mejillones
4 cigalas
8 gambas
½ pimiento rojo
4 tomates maduros
700 ml de caldo de pescado (v. receta en pág. 216)
Aceite de oliva
Pimentón dulce
Azafrán
Sal

Elaboración

Ponemos un cazo a fuego medio con un dedo de agua y añadimos, por tandas, los berberechos, las almejas y los mejillones hasta que se abran y los reservamos. Incorporamos el agua sobrante al caldo, colándola antes.

En una paella ponemos seis cucharadas de aceite y freímos el pimiento cortado en tiras. Lo retiramos y lo reservamos.

En el mismo aceite, freímos las cigalas y las gambas por ambos lados hasta que estén bien doradas. Si es necesario, hacemos dos tandas para que no se amontonen. Las retiramos y reservamos.

Añadimos el pimentón a la paella, lo sofreímos durante unos segundos e incorporamos el tomate rallado.

Mientras, quitamos las conchas a las almejas, berberechos y mejillones. Retiramos las cabezas de las cigalas y las gambas –que incorporamos al caldo– y pelamos las colas.

Cuando el tomate está listo, añadimos el arroz y lo sofreímos durante un par de minutos. Agregamos el pimiento, almejas, berberechos, mejillones, cigalas y gambas y regamos con el caldo. Lo dejamos a fuego medio durante 18 minutos, tiempo en el que debe consumirse todo el líquido.

Trucos y consejos

Para que tanto las almejas como los berberechos queden bien limpios, antes de cocinarlos se pueden poner durante media hora en agua con sal y, después, pasarlos por agua.

Variantes

Se puede utilizar casi cualquier tipo de crustáceos o mariscos. En esta receta, de lo que se trata es de que el arroz se pueda comer sin necesidad de ir pelando o limpiando mariscos y crustáceos.

;–)

Comentarios en la red

» Puesto que vas a cocinar un «pelaet» o «arroz de señorito», puedes sofreír las cabezas (apretando) y corazas del marisco previamente pelado, e incorporar su carne al guiso cuando el arroz ya está a punto, de forma que se cocinen al vapor y conserven todo su sabor y textura originales. De tomate, una cucharada de sofrito bastaría. Y ese caldo de raspas de salmón es muy flojito: mejor uno de huesos de rape, barato y rápido. Enhorabuena por tu labor.

Arroz a banda

Ingredientes

300 g de arroz
2 colas de rape
1 cabeza de rape
1 cebolla
1 patata grande
1 hoja de laurel
4 dientes de ajo
1 sepia
2 tomates maduros
Aceite de oliva
1 cucharada de pimentón
½ l de agua
Azafrán
Sal

Elaboración

En una olla grande ponemos el rape con la cebolla y la patata –peladas y troceadas toscamente–, la hoja de laurel, los dientes de ajo, los granos de pimienta y un pellizco de sal, y añadimos el agua. Lo ponemos a fuego fuerte y, cuando rompe a hervir, quitamos la espuma que se ha formado en la superficie, bajamos el fuego y lo dejamos 25 minutos.

En una paella con un chorro de aceite sofreímos el tomate a fuego medio, removiendo de vez en cuando, hasta que esté bien tierno.

Añadimos el pimentón y unas hebras de azafrán y lo sofreímos durante un par de minutos. Posteriormente, agregamos la sepia sazonada y cortada en trozos pequeños.

Cuando ha cogido color y se han evaporado los jugos que ha soltado, añadimos el arroz y lo sofreímos durante 2 minutos sin parar de remover.

Finalmente, incorporamos unos 700 ml del caldo de haber cocido el rape –que debe estar caliente–, lo dejamos 18 minutos y damos un golpe de calor al final para que se tueste la parte inferior del arroz.

Por un lado, servimos el rape limpio de espinas, con la patata y la cebolla, y por el otro, el arroz.

Trucos y consejos

Estos arroces quedan mucho mejor si se hacen a lo largo que a lo ancho. Es decir, la paella deber ser lo suficientemente grande como para que solo quede un dedo de arroz distribuido uniformemente.

Variantes

Se pueden utilizar otros pescados para hacerlo o una combinación de varios. Normalmente, no se utiliza la sepia, se hace solo el arroz con el caldo, pero creo que así está más sabroso.

;–)

Comentarios en la red

» El socarrat me ha encantado, yo le hubiera metido mano directamente, habéis estado muy discretos. Es curioso que en Alicante se refríe el arroz y en Valencia no. Mi madre refreía, pero cuando estuve en Valencia me dijeron ¿es que acaso el arroz está malo? Si el arroz es bueno no se refríe.

Arroz con pollo

Ingredientes

4 dientes de ajo
1 pimiento rojo
4 tomates maduros
½ pollo
300 g de arroz
900 ml de agua
Aceite de oliva
1 cucharada de pimentón dulce
Azafrán
Pimienta
Sal

Elaboración

En una olla, ponemos a calentar un poco de aceite y añadimos el ajo, pelado y laminado, hasta que se dore. Lo retiramos y lo reservamos.

En el mismo aceite, freímos el pimiento cortado en tiras hasta que coja color. Lo retiramos y lo reservamos.

Salpimentamos el pollo troceado y lo sofreímos en el mismo aceite por ambos lados hasta que esté bien doradito.

Retiramos el pollo. Añadimos el tomate rallado y la cucharada de pimentón dulce, y lo sofreímos durante unos 10 minutos.

Pasado ese tiempo, reincorporamos el ajo, el pimiento y el pollo, y añadimos el agua. Dejamos que hierva hasta que reduzca un poco –unos 200 ml– durante unos 20 minutos, aproximadamente.

Añadimos el arroz y lo dejamos cocer durante 18 minutos, hasta que se consuma todo el caldo.

Trucos y consejos

Se debe controlar el fuego y el agua. Si se consume el caldo muy pronto, se puede quemar el arroz; si no se ha consumido todo cuando el arroz esté hecho, acabará pasándose, porque tanto el caldo como el arroz conservan calor. Es preferible que se queme un poco la base a que se pase. Es más, esa parte, a la que se llama «socarrat», suele gustar mucho.

Variantes

Se puede utilizar conejo, además de pollo. Para hacerlo, no hay más que dorarlo como se ha hecho con el pollo.

;-)

Comentarios en la red

» Soy el rey del camping con esta receta que bauticé como «pollo fiel».

Arroz con pollo y codornices

Ingredientes

300 g de arroz
700 ml de caldo de ave
(v. receta en pág. 200)
1 cebolla tierna
½ calabacín
½ pimiento rojo
½ pimiento verde
2 tomates maduros
2 codornices
2 dientes de ajo
Pimienta
Sal

Elaboración

Hacemos el caldo de ave siguiendo las indicaciones de la receta, pero utilizando también las carcasas de las codornices sofriéndolas junto a la carcasa de pollo. Lo colamos y lo reservamos.

En una paella ponemos un chorro de aceite y sofreímos los cuatro muslos de codorniz. Una vez se han dorado bien, los retiramos y reservamos.

En el mismo aceite, sofreímos las verduras limpias –bien troceadas y salpimentadas– durante 5 minutos. Añadimos los dientes de ajo picados, lo dejamos un par de minutos y agregamos los tomates pelados y rallados. Lo dejamos a fuego medio durante unos 7 minutos sin parar de remover.

Incorporamos el arroz y lo sofreímos durante un par de minutos. Añadimos el caldo y lo dejamos durante 18 minutos. A falta de 5 minutos colocamos los muslos de codorniz. Cuando el caldo se ha consumido, lo podemos servir.

Trucos y consejos

Exceptuando el arroz negro, a todos los arroces se les puede añadir colorante alimentario natural. No aporta sabor, pero, como bien sabéis, comemos por los ojos y a mucha gente le parece que es más bueno si es bien amarillo.

;–)

Comentarios en la red

» HOla Crack! Como va todo??
A mí hace tiempo me dijeron que el colorante alimentario entre sus componentes tenía el ácido acetilsalicílico ese que llevan las aspirinas... entonces me enseñaron que para dar color a la paella también esta muy bien la cúrcuma (que es lo que le da color al curry). La verdad es que no da tanto color como el colorante, pero deja un saborcillo muy rico. Un saludo artista!!!

Arroz con las sobras del cocido

Ingredientes

Sobras del cocido del día anterior (v. receta en pág. 202)
75 g de garbanzos
50 g de tocino entreverado troceado
75 g de carne de magro
1 muslo de gallina
50 g de jamón
4 rodajas de butifarra blanca
4 rodajas de butifarra negra
2 tomates maduros
300 g de arroz
700 ml de caldo del cocido
1 cucharada de pimentón dulce
Azafrán
Sal

Elaboración

Desmenuzamos la gallina, el magro y el jamón.

En una paella con un chorrito de aceite sofreímos el tomate pelado y rallado con un pellizco de sal. Pasados 4 o 5 minutos añadimos el pimentón y unas hebras de azafrán, y lo sofreímos todo un par de minutos. Incorporamos el arroz y lo sofreímos durante 2 o 3 minutos removiendo constantemente.

Añadimos entonces la gallina, el magro, el jamón, el tocino, las butifarras y los garbanzos. Incorporamos el caldo caliente y lo dejamos a fuego medio durante 18 minutos.

Trucos y consejos

Esta receta hay que planificarla el día anterior para asegurarse de que dejamos un poco de cada ingrediente para que el arroz quede más completo.

;–)

Comentarios en la red

» Qué guay!!!
Un día te voy a hacer un comentario en vídeo yo también!!!

Risotto con setas y pollo

Ingredientes

300 g de arroz
1 l de caldo de ave
(v. receta en pág. 200)
6 alitas de pollo
1 copa de vino blanco
75 g de setas variadas deshidratadas
30 g de mantequilla
50 g de parmesano
Té
Aceite de oliva
Pimienta
Sal

Elaboración

Preparamos unos 200 ml de té. Ponemos las setas en un bol y las cubrimos de té tibio para hidratarlas. Las dejamos una media hora.

En una salteadora grande ponemos un chorrito de aceite a fuego medio y añadimos las alitas de pollo troceadas y salpimentadas. Cuando están bien doradas, añadimos la copa de vino blanco, rascando la base para despegar la grasa que se haya podido pegar, y dejamos que reduzca.

Añadimos las setas y las sofreímos durante 2 minutos. Incorporamos el arroz y un cazo de caldo. Lo dejamos reducir y agregamos otro cazo de caldo. Repetimos esta operación hasta que el arroz esté casi listo, lo que nos llevará entre 25 y 30 minutos.

Troceamos la mantequilla y la incorporamos; cuando se haya derretido, añadimos el queso parmesano rallado, lo mezclamos todo bien y apagamos el fuego.

Trucos y consejos

Para reducir el tiempo de preparación, podemos añadir cuatro o cinco cazos de caldo la primera vez, para seguir cazo a cazo una vez se haya consumido.

Respecto al tipo de arroz, en el blog se ha comentado que hay que usar arborio, carnaroli o vialone nano.

Variantes

Del risotto hay muchas variantes. Lo importante es incorporar el caldo poco a poco y darle un toque cremoso al final; este se puede dar con mantequilla, nata líquida o foie.

También se suele añadir perejil o albahaca picada antes de servirlo.

;-)

Comentarios en la red

» Sin duda alguna el risotto con setas es mi plato favorito! Lo suelo preparar con portobella mushroom o incluso con champiñones (frescos, no de lata). Y para hacerlo un poco más meloso, antes de servirlo en el plato, le añado un poquito de queso philadelphia, remuevo... y listo! Delicious!
Desde Londres!
Irene

» Acabo de descubrir tu videoblog, por llamarlo de alguna manera. Enhorabuena, me gusta mucho, se hace ameno de ver cada vídeo :-) Particularmente al risotto siempre termino poniéndole perejil, por alguna razón me gusta más que con albahaca, y eso que soy una yonki de la albahaca!

Risotto vegetariano

Ingredientes

300 g de arroz
1 l de caldo de verduras
(v. receta en pág. 86)
1 copa de vino blanco
100 g de setas variadas deshidratadas
30 g de mantequilla
75 g de queso parmesano
25 ml de nata líquida
75 g de aceitunas negras Aragón
Té
Aceite de oliva
Pimienta
Sal

Elaboración

Preparamos unos 200 ml de té. Ponemos las setas en un bol y las cubrimos de té tibio para hidratarlas. Las dejamos una media hora.

En una salteadora grande ponemos un chorrito de aceite a fuego medio, añadimos las setas hidratadas y las aceitunas deshuesadas, y lo sofreímos todo 2 o 3 minutos. Pasado ese tiempo añadimos la copa de vino blanco y dejamos que reduzca.

Incorporamos el arroz y añadimos un cazo de caldo. Lo dejamos reducir y agregamos otro cazo de caldo. Repetimos esta operación hasta que el arroz esté casi listo, lo que nos llevará entre 25 y 30 minutos.

Troceamos la mantequilla y la incorporamos, cuando se haya derretido, añadimos el queso parmesano rallado y la nata líquida, lo mezclamos todo bien y apagamos el fuego.

Variantes

Los caldos de verdura suelen ser más suaves que los de ave o pescado, por ello, hay que añadir algún ingrediente de sabor fuerte para que el resultado sea sabroso. El queso gorgonzola, por ejemplo, añadido al final da muy buenos resultados.

;–)
Comentarios en la red

» Tus recetas increíbles, como siempre.
Me vuelvo a enganchar a ti, que estuve de dieta y prefería no verte XDDD.
No se me olvida la vez que triunfé en casa con aquel lomo relleno en forma de libro, y con las patatas San Fernando, y la tortilla, y la pizza con salsa de tomate casera, y las albóndigas... mmmmm...
Sigue así!!!

Fideuá

Ingredientes

400 g de fideos
600 ml de caldo de pescado
(v. receta en pág. 216)
200 g de langostinos
1 sepia
2 ñoras o 1 pimiento choricero
4 dientes de ajo
Azafrán
Aceite de oliva
Sal

Elaboración

En un bol con agua tibia ponemos las ñoras abiertas y sin semillas durante 1 hora. Pasado ese tiempo separamos la carne de la piel con ayuda de una cuchara y la reservamos.

Cocemos los langostinos al vapor. Los pelamos, reservamos las colas e incorporamos las cabezas al caldo.

En una paella con un chorro de aceite, sofreímos los ajos pelados y cortados en láminas. Cuando empiezan a dorarse, añadimos la sepia limpia, sazonada y cortada en trozos pequeños. Cuando toma color, agregamos unas hebras de azafrán y la carne de la ñora. Inmediatamente, incorporamos los fideos y los tostamos sin parar de remover.

Añadimos las colas de langostinos y el caldo, lo distribuimos bien y lo dejamos a fuego medio hasta que se consuma el caldo y los fideos queden en punta.

Trucos y consejos

Al final, cuando incorporamos el caldo, una vez ha recuperado el hervor, podemos meterlo en el horno a tope hasta que se consuma. Suele quedar más crujiente.

Variantes

Al igual que los arroces, los fideos se pueden hacer de muchas maneras. Basta con sustituir el arroz por los fideos, adaptar las cantidades de caldo y ya tenemos muchas otras versiones.

También se puede hacer con fideos gruesos y huecos o finos. Para cada tipo de fideo habrá que ajustar la cantidad de caldo; cuanto más grueso, más caldo consumirá.

;–)

Comentarios en la red

» Cocinero, eres mi héroe siempre salvas.

Tortilla de patatas

Ingredientes

4 huevos
300 g de patatas
Aceite de oliva
Sal

Elaboración

Lavamos las patatas, las pelamos y las lavamos de nuevo. Las cortamos en láminas finas, las salamos y las freímos en abundante aceite caliente.

Mientras, en un bol, batimos los huevos y les ponemos un pellizco de sal.

Cuando las patatas estén fritas y algo crujientes, las dejamos escurrir un poco y las mezclamos con el huevo. Dejamos reposar la mezcla un par de minutos.

Ponemos un chorrito de aceite en una sartén al fuego y, cuando esté caliente, volcamos la mezcla.

Cuando se empiece a cuajar, le damos la vuelta con ayuda de un plato y la ponemos de nuevo al fuego.

Para terminar, la dejamos a fuego medio/bajo hasta que alcance el punto que nos guste. Si la queremos jugosa, la sacamos enseguida. Si nos gusta cuajada, la dejamos más tiempo.

Trucos y consejos

El tipo de patata ideal para hacer la tortilla es la mejor a la que tengamos acceso, teniendo en cuenta el lugar en el que vivimos y el presupuesto con el que contamos.

Escurriendo la patata conseguiremos dos cosas: que se enfríe un poco antes de mezclarla con el huevo –lo que evitará que este se cuaje con el calor de la patata–, y que la tortilla quede menos aceitosa.

Variantes

En lugar de cortar las patatas en láminas finas, podemos hacerlo en cubos pequeños. En tal caso, se notará más en la tortilla.

Podemos añadir una cebolla troceada y pochada e incorporarla a la mezcla antes de hacer la tortilla. Se puede freír la cebolla junto con la patata o hacerla aparte.

Podríamos hacer una versión light, asando las patatas en el horno, cortadas en cubos.

En uno de los vídeos, Francis Paniego preparó una versión con perrechicos y comentó que la salsa de soja le da un toque curioso a la tortilla.

;–)

Comentarios en la red

» Es importante que el plato que utilices para dar la vuelta sea más grande que la superficie de la sartén, porque si no...

» Muy buen vídeo.
Soy el cocinero más torpe del mundo, y ni me salen las tortillas (siempre se me rompen), pero este vídeo me ha dado ánimo para volver a intentarlo.

Revuelto de bacalao

Ingredientes

2 patatas
1 cebolla
200 g de bacalao desmigado y desalado
4 huevos
Aceite de oliva

Elaboración

Pelamos y cortamos la cebolla en juliana. Pelamos y cortamos las patatas como si fuéramos a hacer patatas paja, es decir, en palitos muy finos, y las reservamos.

En una sartén con abundante aceite a fuego medio, freímos la cebolla a tandas para que no se amontone y quede bien crujiente. La retiramos, la escurrimos sobre un papel de cocina.

En el mismo aceite, freímos las patatas, también por tandas. Las escurrimos en papel de cocina y las reservamos.

Retiramos casi todo el aceite y sofreímos el bacalao un par de minutos, reincorporamos la cebolla y las patatas fritas, y añadimos el huevo batido. Si nos gusta sin cuajar, lo retiramos del fuego y lo servimos.

Trucos y consejos

No hace falta añadir sal porque el bacalao está salado, pero hay que tener en cuenta que si está muy desalado, habrá que ponerle un poco.

Variantes

Esta es una receta típica de Portugal, donde la llaman bacalhau à brás. Le suelen añadir perejil picado justo antes de servirlo.

;–)

Comentarios en la red

» chefcito ¿me sacas de una duda por favor?, dime este es un platillo típico de Portugal, o se cocina solo en España y sus provincias, lo que pasa es que soy fanática de Cristiano Ronaldo, y un día escuche que su platillo favorito era el bacalao con huevo, y pues quisiera saber si es este, gracias.

» No solo se come en Portugal, también en Badajoz, lo llamamos Bacalao Dorado y es comida de pastores. No es exactamente igual, pero las bases son las mismas. Un saludo.

Patatas al ajihué

Ingredientes

4 huevos
2 patatas
1 cebolla
4 dientes de ajo
1 l de agua
1 hoja de laurel
Aceite de oliva
Azafrán en polvo
1 cucharada de pimentón dulce
Sal

Elaboración

En una olla ponemos la patata pelada y troceada toscamente, la cebolla cortada en juliana y el ajo cortado en láminas. Añadimos un chorrito de aceite, la hoja de laurel y sal. Lo cubrimos con el agua y lo ponemos a fuego fuerte hasta que rompa a hervir. Lo bajamos y lo dejamos 20 minutos más o hasta que la patata esté tierna.

Pasado ese tiempo, añadimos un pellizco de azafrán en polvo y cascamos los cuatro huevos.

Por otro lado, ponemos al fuego una sartén con un chorrito de aceite. Cuando está caliente, añadimos el pimentón y lo retiramos del fuego. Cuando coge color, lo volcamos sobre la olla.

Pasados un par de minutos, lo trituramos con la batidora hasta conseguir una textura cremosa.

Trucos y consejos

Esta receta nos la preparó Mario Sandoval cuando visitamos su restaurante. Él lo sirve con unos torreznos picados por encima y un chorrito de aceite de oliva crudo.

Variantes

La patata podría sustituirse por calabaza. En tal caso, predominará su sabor. También podrían añadirse un par de zanahorias, que dan sabor, pero de forma más sutil.

;-)

Comentarios en la red

» Oju, ayer hice yo unas patatas con chocos, en amarillo, y es mu parecido. Además esas patatas así, con huevo cuajado, las comemos mínimo una vez al mes, en invierno claro, porque aquí en mi casa, en Sevilla, como que no se apetecen unas patatas guisadas. También las he probado con cazón... buenísimas y con anguilas, las anguilas echan un poco pa atrás a la hora de prepararlas, pero están superfinas y muy sabrosas... un saludo.

carnes y pescados

Costillas al horno

Ingredientes

1 costillar de cerdo
1 cebolla grande
½ pimiento rojo
½ pimiento verde
2 patatas grandes
2 tomates grandes
1 limón
Pimienta
Sal

Elaboración

En una bandeja de horno con un chorrito de aceite, distribuimos de forma equidistante la patata cortada en rodajas de 1 cm, aproximadamente. Encima, y en este orden, distribuimos la cebolla, los pimientos, los tomates y el limón cortados en aros de ½ cm. Le ponemos un chorrito de aceite y salpimentamos.

Encima de las verduras ponemos el costillar cortado en tres trozos, para cubrir toda la superficie, previamente untado con aceite y salpimentado.

Lo metemos en el horno precalentado a 180 °C y lo dejamos 1 hora, dándole la vuelta a los costillares un par de veces y rociándolos con los jugos que vayan desprendiendo los ingredientes.

Trucos y consejos

Si queremos que tenga un sabor más intenso, podemos distribuir unos dientes de ajo pelados en la bandeja. También se puede utilizar alguna hierba aromática seca, como tomillo o romero o unas hojas de laurel.

Variantes

Se puede macerar el costillar la noche antes. Hay varias opciones: con una picada de ajo y perejil, sal y una copa de vino blanco; con miel y mostaza; o con aceite, sal y pimentón dulce.

;-)

Comentarios en la red

» Hola,
Una vez más, una receta «kiss» o sea «keep it simple & stupid». Tan simple, fácil y aparentemente muy sabrosa.

» Oye muy mal, ayer me acosté a las mil, digo voy a ver solo un vídeo, pero solo uno...vi lo menos 20 por dios déjame dormir!!! jeje me encantan tus vídeos.

Costillas de cerdo a la barbacoa

Ingredientes

750 g de costillas de cerdo
200 ml de kétchup
2 cucharadas de mostaza en grano
4 cucharadas de miel
2 cucharadas de aceite de oliva
Zumo de 1 limón
4 dientes de ajo
50 ml de vinagre de vino
1 ramita de perejil
Pimienta
Sal

Elaboración

Picamos el ajo y el perejil, y lo metemos en un bol grande. Añadimos el resto de los ingredientes (excepto las costillas) y removemos hasta que quede una mezcla homogénea. Incorporamos entonces las costillas y nos aseguramos de que estén bien impregnadas por todos sus lados.

Lo cubrimos con film transparente y lo dejamos macerar en la nevera durante un mínimo de 1 hora. Pasado ese tiempo, las hacemos a la brasa.

Trucos y consejos

La carne de cerdo, como la de pollo, no se debe comer cruda. Por ello, es importante que, en caso de querer usar para salsa la mezcla utilizada para macerar, debemos cocinarla antes, dado que ha estado en contacto con la carne de cerdo cruda.

Variantes

Si no podemos hacerlas a la brasa, las distribuimos en una bandeja de horno sin amontonarlas y las metemos en el horno con el grill a tope. Pasados entre 10 y 15 minutos, les damos la vuelta y las dejamos el mismo tiempo, vigilando para que no se quemen.

;–)

Comentarios en la red

» Es buena tu salsa pero en Perú hay una salsa barbacoa que se hace con ají choricero, abundantes ajos, vinagre, salsa de soja, pimienta, comino, se pone pollo, lechón, pavo, etc.

» Es muy importante añadirle un poco de salsa inglesa para que la salsa barbacoa contenga un poco de sabor ahumado.

Cochinita pibil

Ingredientes

750 g de magro de cerdo
3 cucharadas de achiote
1 cucharada de granos de comino
1 cucharada de granos de pimienta
½ cucharada de clavos de especia
1 ají o una guindilla
4 dientes de ajo
Zumo de 3 limones
Zumo de 1 naranja
4 cucharadas de vinagre
1 cucharada de sal

Elaboración

En un molinillo de café trituramos el achiote, el comino, la pimienta y los clavos y lo volcamos en una batidora. Añadimos el ají troceado y sin semillas, los ajos picados, el zumo de limón y naranja, el vinagre y la sal, y lo batimos hasta que quede una mezcla homogénea.

Cortamos la carne en trozos grandes y la untamos bien con la mezcla anterior. La ponemos en un recipiente hondo para horno y la cubrimos con la mezcla. Lo cubrimos con papel de aluminio y lo metemos en el horno a 150 °C durante 4 horas.

Trucos y consejos

En México suelen envolver la carne con hojas de plátano. Se ponen en el recipiente para horno, se añade la carne y se cubre con más hojas.

Se puede servir con arroz blanco, cebolla morada picada y rábanos. Además de con ajíes.

Variantes

El achiote se suele vender en barra; en tal caso, no hay más que sustituir el achiote en grano por la misma cantidad, deshaciéndolo con las manos.

;-)

Comentarios en la red

» En un viaje por España, específicamente en San Sebastián cociné este plato para algunos amigos al igual que el mole. En las tiendas latinas se puede conseguir el achiote en distintas presentaciones, al igual que las hojas de plátano. En la sección de comida de El Corte Inglés sé que también se pueden conseguir diferentes productos mexicanos... Saludos

Manitas de cerdo

Ingredientes

4 manitas de cerdo cortadas por la mitad
2 cebollas
1 zanahoria
3 tomates maduros
2 dientes de ajo
1 ramita de tomillo
1 hoja de laurel
½ copa de brandi
Aceite de oliva
15 granos de pimienta
Sal

Elaboración

Con ayuda de un soplete, o sobre el fuego si la cocina es de gas, quemamos la piel de las manitas para quitar los pelos que pueda haber.

Las limpiamos bajo el grifo y las ponemos en una olla cubiertas con abundante agua, una cebolla entera, el tomillo, el laurel, la pimienta y la sal. La ponemos al fuego y, cuando rompe a hervir, bajamos el fuego y las dejamos 1 hora.

En una cazuela de barro con un chorrito de aceite sofreímos la otra cebolla troceada, la zanahoria rallada y el ajo picado. Cuando está tierna, añadimos el tomate pelado y troceado, salpimentamos y lo dejamos unos 10 minutos.

Pasado ese tiempo, incorporamos las manitas cocidas y el brandi, y lo flameamos. Después, añadimos dos cazos del caldo de cocer las manitas, corregimos de sal y lo dejamos a fuego lento durante 20 minutos.

Trucos y consejos

Una vez servidas, es bastante incómodo deshuesar las manitas. Para evitarlo, una vez cocidas, se dejan enfriar y se deshuesan.

Variantes

Antes de añadir las manitas a la cazuela, se pueden enharinar y freír en aceite de oliva. También se pueden utilizar setas, que se añadirían antes de poner el tomate.

;-)

Comentarios en la red

» Tiene buena pinta y me encanta el cerdo, pero yo no sigo ese refrán que dice «del cerdo, hasta los andares» y a mí «las manitas» como que no, todavía no.
Pero 5***** para ti!
un saludo

» A mí me encantan las manitas de cerdo pero en vinagre: ya cocidas las manitas, solo las pones a macerar por unas horas en vinagre, cebolla en rodajas, chiles serranos, un poco de orégano, sal y listo. A mí me encantan de esa manera, siempre termino chupando hasta el último huesito.

Lomo con nata y caramelo

Ingredientes

750 g de lomo de cerdo de una pieza
3 zanahorias
3 rebanadas de pan
750 ml de caldo de ave
(v. receta en pág. 200)
3 cucharadas de azúcar
200 ml de nata líquida
Pimienta
Sal

Elaboración

Salpimentamos el lomo y lo doramos en una sartén honda con un chorrito de aceite. Lo retiramos y, en el mismo aceite, sofreímos las zanahorias, peladas y limpias, con el pan troceado, durante unos 5 minutos.

Ponemos el azúcar en un cazo y lo dejamos a fuego medio hasta que coja un color marrón. Lo retiramos del fuego y añadimos la nata removiendo hasta que quede una mezcla homogénea. Lo volcamos en un recipiente de horno grande y hondo que pueda taparse y añadimos el caldo de ave. Lo mezclamos bien e incorporamos el lomo, el pan troceado y la zanahoria.

Tapamos y metemos en el horno –que estará precalentado a 150 °C– y lo dejamos 2 horas. Sacamos el lomo, batimos la salsa y lo servimos por separado.

Trucos y consejos

Es mejor servirlo cortado en filetes finos. El mejor acompañamiento es un puré de patatas con un chorrito de nata líquida, un poco de mantequilla, pimienta y sal.

Variantes

La receta original es con un lomo de ternera lechal, pero es una carne bastante cara y, aunque sí es más bueno, la diferencia no compensa.

;–)

Comentarios en la red

» Mi madre hacía algo muy parecido en Argentina, «matambre a la leche». Consistía en tomar el matambre (el trozo de carne que recubre la zona del costillar de la vaca y los laterales, «googléalo» para más info), meterlo al horno con un litro de leche y especias, y tenías dos opciones: o dejarlo en el horno hasta que lo veas ya bien tierno, o sacarlo en cuanto vieras que ya había consumido bastante leche y llevarlo a la barbacoa para darle el último toque (yo soy más de esta opción).

Lomo relleno

Ingredientes

750 g de lomo de cerdo de una pieza
1 huevo
¼ de pimiento
10 aceitunas deshuesadas
2 lonchas de tocino entreverado
½ copa de brandi
2 patatas
Aceite de oliva
Pimienta
Sal

Elaboración

En un cazo ponemos el huevo, lo cubrimos de agua y lo hervimos durante 10 minutos. Lo retiramos y, una vez frío, lo troceamos según el tamaño de la aguja de mechar.

Cortamos el pimiento y el tocino en tiras, teniendo en cuenta también el tamaño de la aguja.

Hacemos entonces seis incisiones equidistantes con la aguja de mechar rellena. Dos con tocino, dos con huevo, una con pimiento y otra con aceitunas.

En una sartén grande doramos el lomo salpimentado, añadimos el brandi y lo flameamos.

Pelamos, lavamos y troceamos las patatas en rodajas de 1 cm y las distribuimos sobre una bandeja de horno con un chorrito de aceite, salpimentamos, añadimos el lomo y lo metemos en el horno a 180 °C durante unos 40 minutos.

Trucos y consejos

Es probable que, una vez en el horno, salpique un poco; para evitarlo, podemos ponerlo en un recipiente con tapa o cubrirlo con papel de aluminio. Para que quede bien dorado, se puede destapar y poner el grill los últimos minutos.

Variantes

Se puede rellenar sin aguja de mechar. Se abre el lomo como si fuera un libro y, en las aberturas, se añaden los ingredientes del relleno, se ata con un hilo de cocina, se dora en la sartén, y después se mete en el horno.

;-)

Comentarios en la red

» Con el jugo que te quedó de la carne puedes hacer una Salsa Gravy. Le ponemos un pedacito de mantequilla, una cucharada al ras de harina y un poquito de crema de leche, cocinamos a fuego lento hasta que quede como una cremita y está lista, aquí se usa mucho para acompañar carnes y otras comidas. (Es como bechamel con el color y aroma de la carne jaja).
Saludos
Laura

Butifarra esparracada

Ingredientes

1 kg de butifarra
2 cebollas
100 g de champiñones
25 g de pasas sin pepitas
25 g de piñones o cacahuetes
Aceite de oliva
1 hoja de laurel
1 ramita de tomillo
1 copa de moscatel

Elaboración

Cortamos la butifarra en trozos de 5 cm de largo, aproximadamente, y la ponemos a freír en una sartén con un chorrito de aceite. Cuando esté bien dorada, agregamos la cebolla troceada y, cuando esta esté tierna, los champiñones cortados en láminas.

Pasados 2 o 3 minutos añadimos las pasas y los piñones, la copa de moscatel, el laurel y el tomillo, lo mezclamos todo bien y lo dejamos hasta que se consuma el moscatel.

Trucos y consejos

Voy a dejar que sea un comentario el que aporte trucos y consejos:

¡Buah!, una pinta tremenda, pero te voy a decir 3 cosas:

1: las pasas, hidrátalas bien en brandi antes de ponerlas, quedan muy bien, mucho mejor.

2: los piñones, todo fruto seco que metas en un guiso tiene que ir bien salteado antes u horneado... ya que con el calor se ablandecen y no crujen.

3: he visto que al reducir el moscatel no rascabas. Cuando sofríes pescado (sepia...), carne, parte de los nutrientes se desprenden y quedan pegados a la sartén, por eso hay que rascar.

;-)

Comentarios en la red

» You're making delicious stuff ...with my dictionary in my hand i try to understand what you're saying , but man man I can tell you this : no easy job to do ; Therefor is there anybody out there who's so kind to dub Mister Master chef's voice. Thanks in advance

[Estás haciendo cosas deliciosas..., con mi diccionario en mano trato de entender lo que estás diciendo, pero, tío, tengo que decirlo, no es tarea fácil. ¿Hay alguien por ahí que sea tan amable de doblar la voz del Señor Master Chef's? Gracias de antemano.]

Albóndigas con tomate

Ingredientes

150 g de carne picada de cerdo
150 g de carne picada de ternera
½ pimiento rojo
1 cebolla tierna grande o dos pequeñas
2 zanahorias
4 tomates maduros
1 huevo
1 copa de oporto
Aceite de oliva
2 cucharadas de pan rallado
4 dientes de ajo
1 ramita de perejil
Romero
Pimienta
Sal

Elaboración

Picamos dos dientes de ajo y el perejil. Picamos también –muy fina– media cebolla en trozos muy pequeños. Lo ponemos en un bol grande, añadimos la carne, el huevo batido, el pan rallado, romero, pimienta y sal, y removemos hasta que quede una mezcla homogénea.

Nos mojamos las manos y hacemos las albóndigas. Deben ser algo más pequeñas que una pelota de golf. En una sartén grande con un chorrito de aceite y dos dientes de ajo sin pelar, las doramos.

Las retiramos y, en el mismo aceite, sofreímos la otra media cebolla y el pimiento bien picados, y la zanahoria rallada. Salpimentamos y lo dejamos hasta que las verduras estén tiernas.

Regamos con el oporto y lo dejamos reducir. Rallamos el tomate y lo añadimos junto a una hoja de laurel, sal y pimienta, y lo dejamos unos 10 minutos. Reincorporamos las albóndigas, rectificamos de sal y lo dejamos entre 5 y 10 minutos más.

Trucos y consejos

Esta receta queda muy bien con espaguetis, tallarines, macarrones o cualquier otro tipo de pasta. También podría servirse con unas patatas cortadas en cubos y fritas en aceite de oliva.

Para pelar el tomate, podemos hacerle una cruz en la base con un cuchillo. Después, lo ponemos en agua hirviendo durante diez segundos y, acto seguido, en agua fría. Tirando de las puntas de la cruz la piel sale fácilmente.

Variantes

A la mezcla para hacer las albóndigas se le puede añadir la cebolla confitada. Para hacerla, se corta en juliana, se salpimienta, se pone en una sartén a fuego lento y se deja una media hora removiendo de vez en cuando.

Si nos gusta picante, antes de freír las albóndigas podemos marear una guindilla en el aceite durante un par de minutos.

Hay quien, en lugar de utilizar pan rallado, prefiere usar pan mojado en leche.

;–)
Comentarios en la red

» t cuento q dejé maravillados a todos, m bajé el video al ipod y miraba y hacía, miraba y hacía xD gracias mañana no se q cocinare, mirare otros de tus videos ;)
q m aconsejarías para una cena romántica?
algo fácil de preparar, para asombrar a una enamorada :D !

Albóndigas con sepia

Ingredientes

75 g de carne picada de cerdo
150 g de carne picada de ternera
1 sepia
1 cebolla
2 tomates maduros
50 g de guisantes
1 copa de vino blanco
1 ramita de perejil
2 dientes de ajo
2 cucharadas de pan rallado
1 huevo
2 cucharadas de harina
Canela en polvo
Aceite de oliva
Pimienta
Sal

Elaboración

En abundante agua hirviendo cocemos la sepia troceada y limpia durante 15 minutos. La escurrimos, pero conservamos el agua de cocerla.

En un bol grande mezclamos el ajo y el perejil picados, un pellizco de canela, el huevo batido, el pan rallado, pimienta y sal. Lo removemos hasta obtener una mezcla homogénea.

Con las manos mojadas formamos las albóndigas, que tienen que ser un poco más pequeñas que una pelota de golf. Las enharinamos sacudiendo la harina sobrante y las freímos en una sartén con un chorro de aceite. Cuando están bien doradas, las retiramos y las reservamos.

En el mismo aceite, freímos la cebolla picada. Cuando está tierna, añadimos el tomate rallado, salpimentamos y lo dejamos entre 5 y 10 minutos. Regamos con la copa de vino y dejamos que reduzca. Añadimos dos cazos del caldo de cocer la sepia, lo mezclamos bien, reincorporamos las albóndigas, la sepia y los guisantes, y lo dejamos a fuego lento durante 20 minutos.

Trucos y consejos

Si los guisantes son congelados, no es necesario descongelarlos antes de añadirlos. Si se compran frescos y sobran, se conservan muy bien congelados.

;–)

Comentarios en la red

» He hecho la receta de las albóndigas con sepia, y me ha salido de 10, gracias a ti. Para hoy voy a cocinar las patatas crujientes, pero no le pondré picante a la salsa, porque sufrí una mala experiencia. Por cierto, si queréis que no os pique la boca, comed tomate crudo o yogur. Ángela.

Pastel de berenjena

Ingredientes

75 g de carne picada de cerdo
150 g de carne picada de ternera
2 berenjenas
1 cebolla
4 hojas de menta
2 dientes de ajo
3 tomates maduros
1 copa de vino blanco
2 huevos
50 g de queso
Aceite de oliva
Canela en polvo
Pimienta
Sal

Para la bechamel
25 g de mantequilla
25 g de harina
¼ de l de leche
Nuez moscada
Pimienta
Sal

Elaboración

Después de retirar las puntas, cortamos las berenjenas, en sentido longitudinal, en láminas de 1 cm de ancho, aproximadamente. Las salamos bien y las dejamos reposar durante media hora para que suelten toda el agua de vegetación. Pasado ese tiempo, les quitamos la sal bajo el grifo y las secamos con papel de cocina.

En una sartén con un chorrito de aceite sofreímos la cebolla picada y salpimentada. Añadimos el ajo picado. Cuando empiece a transparentar, la retiramos y la reservamos.

En el mismo aceite freímos la carne picada salpimentada. Con ayuda de una pala de madera la vamos deshaciendo para que quede bien suelta. La condimentamos con la menta picada y espolvoreamos con un poco de canela.

Cuando la carne está bien dorada, reincorporamos la cebolla. Añadimos la copa de vino y dejamos que reduzca. Agregamos el tomate y lo dejamos unos 10 minutos a fuego lento o hasta que se seque bien.

Para la bechamel, deshacemos la mantequilla en un cazo a fuego medio. Añadimos la harina, la mezclamos con unas varillas y la tostamos hasta que coja algo de color. Incorporamos la leche a tandas hasta conseguir una mezcla homogénea de espesor medio. Salpimentamos y añadimos nuez moscada rallada al gusto.

Cuando la bechamel está a temperatura ambiente, le incorporamos los huevos batidos y lo mezclamos bien.

En una sartén plana freímos las berenjenas con un chorrito de aceite, por ambos lados, hasta que estén tiernas.

Montamos el pastel en un recipiente hondo para horno. En la base, ponemos una capa de berenjena y añadimos la carne. Lo cubrimos con otra capa de berenjena, agregamos la bechamel y espolvoreamos con el queso rallado.

Lo metemos en el horno a 150 °C durante 45 minutos.

Trucos y consejos

Para optimizar los tiempos en la cocina, siempre es bueno tener en cuenta cuántas tareas hay que realizar y cuánto tiempo de cocción es necesario sin nuestra presencia. En este caso, por ejemplo, mientras la berenjena suelta el agua, podemos preparar el resto de los ingredientes. Mientras se hace el tomate, podemos preparar la bechamel.

Variantes

Si no tenemos berenjenas, podríamos hacer la receta sustituyéndolas por pasta de lasaña, pero en lugar de hacer una sola capa de carne, podríamos distribuirla en dos.

;–)

Comentarios en la red

» Muy rico, pero si el dios de la cocina (jajaja) me permite un consejo, yo hago la bechamel con aceite de oliva que queda igual de rica y mucho más sana. Que hay que cuidar la línea que el gimnasio está mu caro... jajaja

Berenjenas rellenas

Ingredientes

2 berenjenas grandes
150 g de carne picada de ternera
1 cebolla
1 pimiento verde italiano
3 tomates maduros
2 dientes de ajo
50 g de queso rallado
Aceite de oliva
Pimienta
Sal

Para la bechamel
25 g de mantequilla
25 g de harina
¼ de litro de leche
Nuez moscada
Pimienta
Sal

Elaboración

Abrimos las berenjenas por la mitad, en sentido longitudinal, les ponemos un chorrito de aceite y las metemos en el horno a 180 °C durante 30 minutos, aproximadamente. Las sacamos y, con ayuda de una cuchara, separamos la carne de la piel. Reservamos las dos cosas.

En una sartén con un chorrito de aceite sofreímos el ajo picado, y el pimiento y la cebolla bien picados y salpimentados. Cuando las verduras están tiernas, las retiramos.

En el mismo aceite, freímos la carne salpimentada. Con ayuda de una cuchara de madera nos aseguramos de que queda bien suelta. Cuando ha cogido color, reincorporamos la cebolla y el pimiento. Añadimos el tomate rallado y lo dejamos unos 10 minutos a fuego lento.

Para la bechamel, deshacemos la mantequilla en un cazo a fuego medio. Añadimos la harina, la mezclamos con varillas y la tostamos hasta que coja algo de color. Incorporamos la leche a tandas hasta conseguir una mezcla homogénea de espesor medio. Salpimentamos y añadimos nuez moscada rallada al gusto.

Incorporamos la carne de la berenjena troceada a la salsa de tomate, añadimos la mitad de la bechamel y lo mezclamos bien.

Disponemos las pieles de las berenjenas en un recipiente hondo para horno, las rellenamos con la salsa, las cubrimos con la bechamel restante y añadimos el queso rallado. Lo gratinamos en el horno durante 5 minutos.

Trucos y consejos

Si nos vamos a comer la piel de la berenjena, es mejor dejarla con algo de carne y asegurarnos de que está bien blandita, si no resulta un poco desagradable al masticar.

Variantes

La bechamel puede hacerse con aceite de oliva en lugar de mantequilla. También puede utilizarse mitad y mitad. Aunque, desde mi punto de vista, queda mejor solo con mantequilla.

;-)

Comentarios en la red

» Bueno, lo estoy aquí haciendo para cenar, tengo un lío en la cocina bastante grande, el portátil por un lado, los ingredientes dispersados por la cocina, bueno un desastre... xD

Pollo rebozado

Ingredientes

1 pechuga de pollo
75 g de pan rallado
75 g de harina
20 g de semillas de sésamo
2 huevos
Aceite de oliva
Pimienta
Sal

Elaboración

Abrimos la pechuga por la mitad, la cortamos en tiras de 2 cm de ancho, aproximadamente, y la salpimentamos.

En un bol mezclamos el pan rallado con las semillas de sésamo. En otro, batimos los huevos.

Pasamos las tiras de pechuga primero por harina, después por el huevo y, finalmente, por la mezcla de pan rallado.

En una sartén con abundante aceite caliente freímos las pechugas a fuego medio hasta que estén bien doradas. Las sacamos y las escurrimos sobre una rejilla o, en su defecto, papel de cocina.

Trucos y consejos

A la mezcla de pan rallado y semillas de sésamo, se le puede añadir una cucharada de pimentón dulce.

Se pueden acompañar con kétchup o mayonesa. Para los adultos, la mostaza es un excelente acompañamiento.

Variantes

La pechuga, una vez cortada en tiras, se puede macerar en una mezcla de brandi y salsa de soja durante 1 hora.

En lugar de pan rallado, se pueden utilizar cereales o nachos.

;–)

Comentarios en la red

» El comentario que quería dejarte sobre esta receta (aparte del regustillo tan bueno que deja el pimentón :)) es una salsa para acompañarlo.
Preparé una salsa agridulce: agua, salsa de soja (poco más de la cantidad de agua), cucharadita de aceite, azúcar y miel, esto se deja reducir un poco hasta tomar un sabor que guste (la miel ata mucho los sabores).
Preparé una salsa brava, pero apenas la probaron, la anterior gustó hasta a los que no les gustaba la salsa de soja.
Un saludo :)

Pollo al curry

Ingredientes

2 muslos y dos pechugas de pollo
1 cebolla grande
1 manzana golden
2 zanahorias
50 ml de leche de coco
Curry
Pimienta
Sal

Elaboración

En una olla grande con aceite freímos el pollo troceado y salpimentado. Cuando está bien dorado, lo retiramos y lo reservamos.

En el mismo aceite, sofreímos la cebolla troceada junto a la zanahoria rallada y salpimentamos. Cuando la verdura está tierna, añadimos la manzana pelada y cortada en cubos pequeños. Lo dejamos 4 o 5 minutos más a fuego lento.

Reincorporamos el pollo y lo cubrimos con agua, añadimos la leche de coco y el curry al gusto, lo mezclamos bien y lo dejamos cocer unos 30 minutos.

Trucos y consejos

Si preferimos una salsa más suave, pasada la media hora, retiramos el pollo y pasamos la salsa por un pasapurés o la batimos. Después, la colamos. Reincorporamos el pollo y lo podemos servir acompañado de arroz blanco hervido con anís estrellado, cardamomo y un par de dientes de ajo.

Variantes

En el comentario que he seleccionado para esta receta, hay quien, en lugar de utilizar manzana, utiliza piña y prescinde de la leche de coco.

;–)

Comentarios en la red

» La verdad k llevo años haciendo esta receta y es la primera vez k la veo así, lo de la leche de coco es totalmente nuevo y lo de la manzana igual, yo usaba piña y algo de su almíbar, además de un poco de cilantro, k tb es un clásico de la comida árabe, es curioso hoy estábamos hablando de esta receta, jejeje hay versiones mas rápidas y sencillas, pero esta está muy conseguida, enhorawena, un saludo!!

Pollo tikka masala

Ingredientes

4 muslos y contramuslos de pollo
1 cebolla
1 tomate maduro
5 dientes de ajo crudos
4 dientes de ajo asados
25 g de jengibre natural
200 g de yogur natural
50 ml de leche de coco
50 g de mantequilla
2 cucharadas de garam masala
Aceite de oliva
Sal

Elaboración

Troceamos cuatro ajos crudos y el jengibre, y lo metemos en la batidora. Añadimos los cuatro ajos asados y lo trituramos.

Deshuesamos el pollo, lo untamos con la mezcla que hemos preparado, lo cubrimos con film transparente y lo dejamos macerar durante 1 hora.

Derretimos la mitad de la mantequilla, la retiramos del fuego y la mezclamos con 150 g de yogur, una cucharada de garam masala y un pellizco de sal. Incorporamos el pollo macerado, lo mezclamos bien y lo volvemos a dejar macerando durante la noche.

Lo distribuimos sobre una rejilla de horno y lo hacemos durante unos 25 minutos a 200 °C. Lo retiramos y lo reservamos.

En una sartén con un chorrito de aceite sofreímos la cebolla troceada junto con un diente de ajo picado y un poco de jengibre, también picado. Cuando está tierna, añadimos el tomate rallado y la otra cucharada de garam masala y lo dejamos a fuego lento unos 5 minutos.

Añadimos el yogur restante y la leche de coco. Lo mezclamos todo bien e incorporamos el pollo. Añadimos 25 g de mantequilla y, en cuanto se haya derretido, lo servimos.

Trucos y consejos

Dado que es muy sabroso, puede acompañarse de arroz blanco o puré de patatas.

Variantes

Esta es una versión muy simplificada. En la original, entre otras cosas, utilizan ghee –mantequilla clarificada– y harina de garbanzo.

;–)

Comentarios en la red

» Hola! yo soy de la India, y gracias a ti he aprendido hacer comida española. Y ahora que has puesto una receta de mi país, te tenía que dar las gracias.

Pollo con ciruelas y piñones

Ingredientes

4 muslos de pollo con contramuslo
1 cebolla grande
50 g de tocino entreverado
10 ciruelas pasas deshuesadas
½ copa de brandi
½ vaso de agua
25 g de piñones
Aceite de oliva
1 cabeza de ajos
1 hoja de laurel
1 ramita de canela
Pimienta
Sal

Elaboración

En una olla con un chorrito de aceite sofreímos el tocino cortado en cubos. Separamos los muslos de los contramuslos, salpimentamos y los incorporamos añadiendo una ramita de canela.

Cuando el pollo está bien dorado, añadimos la cebolla troceada, el laurel, la cabeza de ajos entera y el brandi. Lo flameamos, añadimos el agua y lo dejamos a fuego lento durante 20 minutos.

Incorporamos los piñones –previamente tostados en una sartén con un chorrito de aceite– y las ciruelas, y lo dejamos 15 minutos más.

Trucos y consejos

Como muchas otras recetas, se puede servir acompañado de arroz blanco o un puré de patatas suave.

Se podrían utilizar también orejones. Hay quien pone las ciruelas y los orejones al fuego con agua caliente durante unos minutos para que estén más blandos.

Variantes

Los piñones pueden sustituirse por cacahuetes o nueces troceadas.

También puede hacerse con pechugas de pollo, aunque quedan algo más secas.

En lugar de tocino, se puede utilizar manteca de cerdo.

;-)

Comentarios en la red

» Yo comí pollo con ciruelas en una de las fiestas del año pasado (creo que la de la familia) y mi tía además le agregó una salsa de mermelada con mostaza y quedó estupendo el pollo.

Libritos de pollo rellenos

Ingredientes

4 mitades de pechuga de pollo
4 lonchas de queso
4 lonchas de jamón serrano
1 huevo
75 g de harina
75 g de pan rallado
Aceite de oliva
Pimienta
Sal

Elaboración

Abrimos las pechugas por la mitad sin llegar a cortarlas del todo, de manera que queden en forma de corazón y las salpimentamos. Sobre una de las mitades ponemos una loncha de jamón y una de queso, y la cubrimos con la otra mitad. Lo sellamos con un par de palillos.

Las enharinamos, sacudiendo el exceso de harina, las pasamos por huevo batido y, finalmente, por el pan rallado.

Las freímos en una sartén con abundante aceite caliente a fuego medio/bajo, durante unos 7 minutos por cada lado, para asegurarnos de que se hagan por dentro.

Las escurrimos sobre una rejilla o sobre papel de cocina.

Trucos y consejos

Antes de servirlo, es recomendable sacar los palillos.

Se suelen acompañar de patatas fritas o patatas asadas. No es necesario utilizar ninguna salsa, el sabor del pollo con el jamón y el queso es suficientemente intenso.

Variantes

Se puede hacer la misma receta pero, en lugar de utilizar pechugas de pollo, con filetes de lomo. También puede sustituirse el jamón serrano por dulce.

;–)

Comentarios en la red

» Hola! Sabes, esta receta yo ya la conocía, pero un poco diferente, la pimienta y la sal han venido bien... yo uso un poco de cerveza cuando las pechugas se están friendo, obtienen un sabor exquisito! saludos!

» Hola, muy claras tus explicaciones, te felicito por tu empeño y trabajo, muchas gracias. No sé si se ha dicho, al pan rallado me gusta añadirle queso parmesano rallado, perejil, o un poco de polvo de ajo, esta es mi sugerencia para cualquier tipo de empanizado.
Un saludo.

Pechuga con jamón y queso brie

Ingredientes

1 pechuga de pollo entera
8 hojas de albahaca fresca
4 lonchas gruesas de jamón serrano
100 g de queso brie
Aceite de oliva
Pimienta
Sal

Elaboración

Abrimos la pechuga por la mitad de manera que nos queden cuatro filetes. Los salpimentamos. Sobre cada filete ponemos dos hojas de albahaca, dos lonchas de queso brie de ½ cm, aproximadamente, y una loncha de jamón.

Lo cubrimos con papel film, y con una superficie plana –puede ser la base de una sartén–, lo golpeamos hasta que los ingredientes queden bien compactados.

En una sartén con un chorrito de aceite caliente ponemos las pechugas con el jamón hacia abajo. Si la sartén no es muy grande, lo hacemos por tandas para que no se amontonen.

Cuando cogen color, les damos la vuelta y las doramos a nuestro gusto.

Trucos y consejos

Se puede servir con patatas fritas o asadas. También con patatas pequeñas hervidas con piel, cortadas por la mitad y doradas en una sartén con mantequilla y ajo bien picado.

Variantes

Si no disponemos de albahaca, podemos sustituirla por perejil fresco. El queso también podemos sustituirlo por el que más nos guste.

;-)

Comentarios en la red

» Me has hecho reír... cuando dijiste 'les pegamos unos sartenazos' pensé que te referías a freírlos y luego te veo dándole de sartenazos al pollo, qué gracioso! ja ja ja. Esta receta está para probarla, solo que a ver por qué reemplazo el jamón serrano, que aquí en mi país cuesta unos 70$ el kg...

Pechuga enrollada con panceta ahumada

Ingredientes

1 pechuga de pollo entera
8 hojas de espinacas frescas
4 lonchas finas de panceta ahumada
100 g de mozzarella
Pimienta
Sal

Elaboración

Abrimos las pechugas por la mitad de manera que nos queden cuatro filetes. Los salpimentamos. Sobre cada filete ponemos dos hojas de espinacas. En el lado ancho ponemos un trozo de mozzarella rectangular, de 1 cm de grosor, aproximadamente, y enrollamos sobre el trozo de mozzarella.

Después, lo envolvemos con una loncha de panceta y lo pinchamos con un palillo.

Los ponemos en una fuente y la metemos en el horno a 200 °C durante 25 minutos.

Lo retiramos y cortamos cada rollo en cuatro rodajas que colocamos planas en el plato.

Trucos y consejos

Se puede servir con una salsa a base de los jugos que ha soltado el pollo. Por ejemplo, sofriendo una cebolla y un diente de ajo bien picados y salpimentados. Cuando la cebolla esté tierna, se añaden los jugos y una copa de vino. Se deja reducir y se sirve como base de las rodajas de pollo.

Variantes

Las espinacas se podrían sustituir por unas hojas de albahaca o perejil. Si nos gustan los sabores intensos, la mozzarella podría sustituirse por roquefort o gorgonzola.

;-)

Comentarios en la red

» Hemos hecho esta receta y resultó sabrosa, mi mujer se quedó prendada del cocinero. Una pequeña variación con el queso que no estábamos seguros de cuál comprar y escogimos un mozzarella que viene en lonchas, y resultó muy rico, gracias.

Pavo relleno

Ingredientes

1 pavo
1 kg de longaniza
5 lonchas de paletilla de jamón
20 ciruelas pasas sin hueso
10 orejones
100 g de piñones
1 l de vino añejo
1 cebolla
50 g de manteca de cerdo
Aceite de oliva
Tomillo
Romero
Orégano
Pimienta
Sal

Elaboración

En una sartén con un chorrito de aceite sofreímos la cebolla bien picada. Cuando está tierna, añadimos la longaniza troceada y sin la tripa. Lo dejamos unos 10 minutos a fuego medio.

Incorporamos las ciruelas, los orejones, el jamón cortado en tiras, tomillo, romero, orégano, pimienta y sal.

En una sartén con muy poquito aceite tostamos los piñones y los agregamos. Pasados 2 o 3 minutos añadimos el vino añejo, reservando un poco, y lo dejamos reducir.

Con un papel de cocina mojado con un poco de vino añejo limpiamos el pavo. Retiramos del fuego el relleno cuando se han evaporado los jugos y rellenamos el pavo. Lo cosemos para que no se salga y, finalmente, lo untamos con la manteca de cerdo.

Lo metemos en el horno –que estará a la temperatura máxima– durante 10 minutos. Lo bajamos a 180 °C y lo dejamos 45 minutos por cada kilo que pese el pavo.

Trucos y consejos

Si el pavo es muy grande, la pechuga puede quedar seca. Para evitarlo, se le puede inyectar vino añejo o blanco con una jeringuilla. Se consigue sin problemas en cualquier farmacia.

Variantes

Personalmente, prefiero hacerlo con capón, en lugar de pavo. Al ser más pequeño, hay menos riesgo de que la pechuga quede seca.

;–)

Comentarios en la red

» Muchísimas gracias por la receta, la preparamos en navidad y nos quedo buenísimo!! Gracias también a tus seguidores porque tomamos algunas ideas de los comentarios. Inyectamos el pavo con pisco (licor de uva parecido a la grappa) y lo dejamos marinando toda la noche con sal y pimienta. En vez de piñones pusimos nueces y en vez de longaniza (q no conseguimos) pusimos carne molida sin grasa. Una delicia! pensamos en ti y ojalá hayas tenido una feliz navidad :) . Gracias por la receta.

Bocadillo de filete ruso

Ingredientes

150 g de carne picada de ternera
150 g de carne picada de cerdo
4 lonchas de queso
2 hojas de lechuga
4 panes de hamburguesa
4 pepinillos
2 tomates
1 cebolla
2 huevos
75 g de harina
75 g de pan rallado
1 diente de ajo
Aceite de oliva
Perejil
Pimienta
Sal

Elaboración

Pelamos y cortamos en juliana la cebolla y la ponemos a freír en una sartén con un chorrito de aceite. Salpimentamos y la dejamos a fuego lento durante unos 10 minutos, removiendo de vez en cuando.

Mezclamos las dos carnes en un bol grande. Salpimentamos y añadimos el ajo y el perejil picados. Lo mezclamos, lo dividimos en cuatro partes y hacemos cuatro hamburguesas.

Las pasamos por harina, luego por el huevo batido y, finalmente, por el pan rallado.

En una sartén con un chorrito de aceite las freímos hasta que estén a nuestro gusto.

Montamos las hamburguesas: ponemos la base del pan, encima una loncha de queso, el filete ruso, la cebolla sofrita, unas rodajas de tomate y de pepinillo y un poco de lechuga troceada. Lo aliñamos con un poco de aceite y sal y lo cubrimos con el pan.

Trucos y consejos

Para que sea más cómodo comerlo, es importante que todo esté cortado muy fino, de manera que, de un solo bocado, se puedan saborear todos los ingredientes.

Variantes

Se puede hacer con una simple hamburguesa. Mezclando las carnes y salpimentándolas sería suficiente. Hay quien, antes de sacar la carne del fuego, le pone la loncha de queso por encima para que se derrita.

;-)

Comentarios en la red

» La receta está muy bien, aunque si quieres mejorarla te recomiendo que mezcles con la carne picada un huevo (4 raciones) y que le añadas a esa mezcla pan duro que tengas empapado en leche y una vez escurrido.
Pruébalo, te gustará.

» Otra variación es agregarle cilantro, cebolla y tomate muy finamente picado a la carne junto al huevo y el pan... y si te gusta el picante algún tipo de chile picado. O incluso mostaza a la mezcla de la carne...

Guiso con conejo y codorniz

Ingredientes

1 conejo
2 codornices
1 pan de kilo
100 g de setas
3 tomates maduros
2 dientes de ajo
1 hoja de laurel
Aceite de oliva
Pimienta
Sal

Elaboración

En una cazuela honda con un chorrito de aceite, doramos por ambos lados el conejo y la codorniz troceados y salpimentados. Si es necesario, lo hacemos por tandas para que no se amontonen. Lo retiramos y lo reservamos.

En el mismo aceite sofreímos la cebolla bien troceada y salpimentada. Cuando está tierna, añadimos el tomate pelado y rallado, y lo dejamos entre 5 y 10 minutos a fuego lento.

Agregamos las setas, las salteamos un par de minutos y reincorporamos el conejo y la codorniz. Lo cubrimos de agua y añadimos los dientes de ajo pelados y la hoja de laurel. Lo dejamos unos 30 minutos a fuego lento. Rectificamos de sal y lo retiramos.

Abrimos el pan por la parte de arriba. Lo desmigamos e incorporamos el guiso. Lo tapamos y lo servimos.

Trucos y consejos

La idea es servir un poco del guiso acompañado por un trozo del pan untado en salsa, así que hay que poner el pan en un recipiente grande que recoja la salsa que se pueda esparcir.

Variantes

Se puede sustituir la codorniz por pollo. También podría hacerse solo con pollo.

;–)

Comentarios en la red

» Receta excelente. Dime, por favor, con qué puedo reemplazar el conejo. Aquí donde vivo, Japón, conejo no hay, solo son mascotas.

Guiso de ternera

Ingredientes

1 ½ kg de filetes de morcillo de ternera
75 g de setas deshidratadas
2 cebollas
1 zanahoria
4 tomates maduros
10 almendras tostadas
3 dientes de ajo
1 copa de vino blanco
1 galleta María
700 ml de agua
Aceite de oliva
Tomillo
Orégano
Pimienta
Sal

Elaboración

Salpimentamos y enharinamos la carne, sacudiendo el exceso de harina. En una cazuela honda con un chorrito de aceite bien caliente, la doramos por ambos lados. Lo hacemos por tandas para que no se amontone.

Añadimos el tomate, la cebolla y la zanahoria rallados, dos dientes de ajo picados, la hoja de laurel, el orégano y el tomillo. Lo dejamos a fuego lento entre 5 y 10 minutos. Añadimos la copa de vino y dejamos que reduzca.

Lo cubrimos con el agua, añadimos las setas y lo dejamos cocer durante 1 hora y media.

En un mortero majamos un diente de ajo, las almendras y la galleta. Lo añadimos, lo disolvemos bien y lo dejamos otros 5 minutos.

Trucos y consejos

Para disolver bien la picada, una vez hemos majado los ingredientes, podemos agregar unas cucharadas del caldo del guiso, disolverlo y luego añadirlo.

Variantes

La picada se puede hacer con carquinyolis, que es una galleta de almendra típica de Tarragona y otras localidades.

;-)

Comentarios en la red

» Jejejeje, muy buena la receta tiene una pinta estupenda. Me sorprende los carquinyolis tío, me ha parecido súper curioso. Y sobre la receta, si quieres un consejo, en vez de echarle el vino blanco cuando has echado el tomate, echa el vino blanco cuando tengas pochada la cebolla y la zanahoria. Te quedará mucho mejor, ya veras ;) Y otra cosa, si quieres que coja más sabor a laurel y tomillo, se puede echar cuando estás haciendo el sofrito, queda más sabroso.

Pastel de carne

Ingredientes

200 g de carne picada de cerdo
200 g de carne picada de ternera
200 g de panceta ahumada en lonchas
1 cebolla tierna
2 dientes de ajo
½ vaso de cerveza
1 huevo
2 cucharadas de pan rallado
Pimienta
Sal

Elaboración

En un bol grande mezclamos las carnes con los ajos picados, la cebolla bien troceada, el huevo batido, el pan rallado, la cerveza, pimienta y sal.

En un recipiente estrecho y hondo para horno, ponemos las tiras de panceta, de manera que los extremos excedan del recipiente y se solapen un poco. Añadimos la carne y lo envolvemos con la panceta.

Lo metemos en el horno a 200 °C durante 30 minutos. Le damos la vuelta y lo servimos en filetes finos.

Trucos y consejos

Es un plato que llena mucho, así que es mejor cortarlo en filetes finos y servir un par. Se puede acompañar de patatas asadas o en puré.

Variantes

Se pueden hacer muchas variantes de esta receta. Se podría rellenar con huevo duro, panceta, pimientos asados...

La cerveza se podría sustituir por otro huevo.

;–)

Comentarios en la red

» Hola cocinero!!! este fin de semana una vez más he preparado una de tus recetas, esta vez me he decidido por el pastel de carne el cual ha salido riquísimo, pero con un pequeño cambio, al final le di la vuelta al pastel para que el bacon quedara crujiente y la verdad que quedó muy muy rico. GRACIAS POR TUS RECETAS!! saludos

» ¡Hola! Lo he probado y queda mejor friendo primero la cebolla y la carne picada. También hice otra prueba añadiéndole pimiento verde y montando capas con puré de patata. Mmmmm ¡rico! ¡Un saludo!

Pastel de carne enrollado

Ingredientes

75 g de carne picada de cerdo
75 g de carne picada de ternera
1 cebolla tierna
1 huevo
150 g de harina
30 g de mantequilla
1 pellizco de cilantro
5 granos de comino
Agua
Pimienta
Sal

Elaboración

En una superficie plana, hacemos una montaña con casi toda la harina y le hacemos un agujero en el centro, como si fuera un volcán. Añadimos un pellizco de sal, 10 g de mantequilla derretida y un chorrito de agua, y vamos mezclándolo con la harina poco a poco.

El agua la añadimos en tandas hasta obtener una mezcla homogénea y sólida. La trabajamos entre 10 y 15 minutos hasta que quede una masa flexible y no pegajosa.

Con el rodillo, la extendemos en forma rectangular, dejándola lo más fina que podamos, de apenas unos milímetros, con cuidado de que no se rompa.

Derretimos 10 g de mantequilla y pintamos la superficie de la masa. La dejamos reposar 10 minutos.

En un bol grande mezclamos la carne picada, la cebolla picada, la yema de huevo, 10 g de mantequilla derretida, cilantro, comino, pimienta y sal.

En uno de los laterales y a lo largo de la masa ponemos el relleno, haciendo una especie de salchicha grande, y la enrollamos. Una vez enrollada, le damos forma de espiral y la pintamos con la clara de huevo.

Lo metemos en el horno precalentado a 180 °C y lo dejamos unos 35 minutos. Cinco minutos antes de retirarlo, lo volvemos a pintar con un poco de mantequilla disuelta en agua.

Trucos y consejos

La idea es que la masa de esta receta quede como un hojaldre. Es muy difícil conseguir la misma textura, pero si se amasa bien y se extiende de manera que quede muy muy fina, se consigue algo muy parecido

Variantes

Se podría rellenar casi de cualquier cosa: pollo, patata, nabo...

Aunque no lo considero necesario, se puede freír la cebolla antes de mezclarla con la carne.

;–)

Comentarios en la red

» Hola!
Mi mujer es de origen bosnio-croata y de vez en cuando me hace un burek muy rico... Ella lo que hace es sofreír la cebolla antes de freír la carne picada. También le añade patata rallada cruda para que quede el relleno jugoso después de hornearse.
Si te gusta la comida de esa parte del mundo, te recomiendo que vayas a Sarajevo y preguntes por el restaurante Zeljo, el mejor Cevapi (chevapi) que he probado jamás.

Pastel de carne empanado

Ingredientes

Para la masa
225 g de harina
60 g de mantequilla
60 g de margarina
Agua
Sal

Para el relleno
225 g de magro de cerdo
1 nabo
1 patata
1 cebolla
25 g de mantequilla
1 huevo
Pimienta
Sal

Elaboración

Para hacer la masa, en un bol grande mezclamos la harina con la mantequilla, la margarina y un pellizco de sal. Tiene que quedar una mezcla arenosa. Añadimos agua poco a poco hasta obtener una masa compacta. La dejamos reposar en la nevera durante media hora.

Pasado ese tiempo la extendemos en un círculo de poco más de ½ cm de alto. Sobre una de las mitades añadimos el nabo y la patata cortados en rodajas de ½ cm, la cebolla en juliana, la carne cortada en cubos y salpimentada y la mantequilla distribuida uniformemente.

La doblamos para formar una empanada y cerramos los bordes doblándolos sobre sí mismos. Lo pintamos con huevo batido y, con un cuchillo, le hacemos un corte en el centro en forma de cruz.

Lo metemos en el horno a 220 °C durante 20 minutos y, posteriormente, unos 40 minutos a 160 °C.

Variantes

Esta receta es una versión del Cornish Pasty. En su origen, se hacía para poder llevarlo al trabajo y, por ello, hay versiones en las que una parte tiene estos ingredientes y la otra tiene manzana, pasas y otros frutos, para comerlo de postre.

;–)

Comentarios en la red

» Estuve viviendo bastante tiempo en el condado de Cornwall de donde son originales estas empanadas y he de deciros que las había de muchas clases, de atún, vegetal, de carne, eso sí las q hacían de carne eran de carne picada.
Me ha encantado ver este vídeo, haré la receta en casa.
Las cornish pasty son allí como aquí la tortilla de papas.
Saludos.

Pastel de carne y patata

Ingredientes

400 g de carne picada de ternera
400 g de patata
1 cebolla
2 zanahorias
2 tomates maduros
2 dientes de ajo
1 copa de vino tinto
100 ml de caldo de ave
(v. receta en pág. 200)
2 huevos
75 g de queso parmesano
Aceite de oliva
Tomillo
Orégano
1 hoja de laurel
Pimienta
Sal

Elaboración

Pelamos y troceamos las patatas y las cocemos en abundante agua hirviendo con sal. Cuando están blanditas, las escurrimos y las pasamos por un pasapurés. Salpimentamos, y añadimos dos yemas de huevo y 50 g de parmesano rallado. Lo mezclamos y lo reservamos.

En una sartén grande con un chorrito de aceite doramos la carne. Salpimentamos y, con una cuchara de madera, la vamos troceando para que quede bien suelta. Añadimos los ajos picados y lo mezclamos bien. Cuando coge color, incorporamos la cebolla y las zanahorias ralladas.

Cuando la verdura está tierna, añadimos los tomates rallados, tomillo, orégano y la hoja de laurel. Lo dejamos unos 5 minutos removiendo de vez en cuando.

Cuando la mezcla está más seca, añadimos la copa de vino y dejamos que reduzca. Después, agregamos el caldo de ave y también lo dejamos reducir.

En una fuente para horno ponemos la carne en la base y la cubrimos con la patata. Rallamos parmesano por encima y pinchamos con un tenedor la superficie.

Lo metemos en el horno unos 20 minutos a 180 °C.

Trucos y consejos

Para rallar los quesos muy curados, como el parmesano, que está bastante duro, en el mercado hay unos ralladores especiales para ello. También son muy útiles para rallar la nuez moscada.

Variantes

En lugar de vino tinto, se puede añadir media copa de brandi o coñac flameado. Gordon Ramsay, un afamado cocinero, le pone salsa Perrins y pasta de tomate.

;–)
Comentarios en la red

» Yo lo hago un poco a mi estilo, le agrego pasas, aceitunas, huevo duro en trocitos a la carne, y a la patata no le pongo queso ni huevos, sino que le pongo aceite de oliva (a la catalana) o a veces leche y mantequilla. Es una receta que hacemos mucho en casa, es fácil, reconfortante y riquísima. Gracias!

» Hola, yo he hecho hoy esta receta, quedó maravillosa.
Pero adicione nóz moscada en puré.
He hecho varias de sus recetas, siempre quedan buenísimas.
Los vídeos son excelentes, felicitaciones y continúe fiel!
Saludos,
Edu de São Pablo, Brasil

Caldo de ave

Ingredientes

1 ½ l de agua
1 carcasa de pollo
1 rama de apio
1 puerro
2 zanahorias
1 nabo
1 hoja de laurel
4 dientes de ajo
1 copa de vino blanco
Aceite de oliva
Tomillo
20 granos de pimienta
Sal

Elaboración

Ponemos una olla grande a fuego medio con un chorro de aceite y doramos bien la carcasa de pollo troceada toscamente y salpimentada, junto a los ajos enteros y sin pelar.

Añadimos la copa de vino y, con una pala de madera, nos aseguramos de que se despega la grasa que haya podido quedar en la base de la olla. Incorporamos las verduras peladas, limpias y bien troceadas. Incorporamos la hoja de laurel, la ramita de tomillo, los granos de pimienta y la sal.

Lo cubrimos con el agua y lo ponemos a fuego fuerte hasta que rompa a hervir, momento en el que quitamos la espuma que se haya formado en la superficie, y lo dejamos a fuego lento durante media hora. Finalmente, lo colamos.

Trucos y consejos

Hay quien utiliza muslos y contramuslos de pollo, la desventaja que tiene hacerlo así es que luego ese pollo no se utiliza. Con esta versión aprovechamos la carcasa que, de no utilizarla para el caldo, acabaría en la basura

Variantes

Se pueden incorporar todos los ingredientes y cubrirlos de agua sin necesidad de sofreír. En ese caso, se podría prescindir del vino blanco.

;–)

Comentarios en la red

» Siempre he tenido una curiosidad, me pasa lo mismo con el programa de Arguiñano. ¿Quién se come los platos que preparáis?

Cocido con albondigones

Ingredientes

300 g de garbanzos
1 hueso de jamón
2 huesos de ternera
100 g de morcillo o jarrete
150 g de butifarra negra
150 g de butifarra blanca
100 g de tocino entreverado
¼ de gallina
2 zanahorias
1 ramita de apio
1 nabo
2 patatas
1 puerro
2 ½ l de agua
1 hoja de laurel
20 granos de pimienta
Sal

Para los albondigones
100 g de carne de ternera picada
100 g de carne de cerdo picada
1 huevo
2 dientes de ajo
1 rama de perejil
1 galleta María
Zumo de ½ limón
Pimienta
Sal

Elaboración

En una olla grande ponemos los garbanzos –que habremos dejado en remojo la noche anterior–, la gallina, el morcillo, los huesos de jamón y ternera, el tocino, los granos de pimienta, la hoja de laurel y la sal, añadimos el agua y lo ponemos a fuego fuerte. Cuando rompe a hervir, quitamos la espuma que se ha formado en la superficie, bajamos el fuego al mínimo y lo dejamos 2 horas.

En el mortero, majamos el ajo, el perejil y la galleta, y lo mezclamos con las carnes picadas salpimentadas, el huevo batido y el zumo de limón. Hacemos los albondigones, que deben ser un poco más grandes que una pelota de golf.

Pelamos y limpiamos las verduras, las incorporamos a la olla junto con los albondigones y las butifarras troceadas, y lo dejamos a fuego lento durante 1 hora más.

Trucos y consejos

Se suelen colar los ingredientes y, con parte del caldo, hacer una sopa de fideos que se toma en primer lugar. Después se sirven, por un lado, los garbanzos y las verduras, y por otro, la carne.

Se puede hacer en la olla exprés. En ese caso, recomiendo utilizar una red para que los garbanzos no se rompan. Evidentemente, hay que acortar los tiempos siguiendo las instrucciones de la olla.

Variantes

Los albondigones, que también se llaman pelotas, se pueden hacer con una mezcla de pechuga de pollo y butifarra blanca, en lugar de la carne picada de cerdo y ternera.

;–)

Comentarios en la red

» Cocinero fiel, échale al cocido repollo sofrito con ajito y pimentón. Bueno, en mi caso, aparte de eso, le chorreo con vinagre y un poco más de pimienta, eso sí, al gusto. Ay mammmmmma........ riquisssssssssssiiimoooooo.

Bacalao al ajoarriero

Ingredientes

400 g de bacalao desmigado desalado
2 cebollas
1 pimiento verde
4 tomates maduros
6 dientes de ajo
2 pimientos choriceros
1 cucharada de pimentón
Aceite de oliva
Sal

Elaboración

En un bol con agua tibia ponemos los pimientos choriceros abiertos y sin semillas. Pasados unos 15 minutos y con ayuda de una cuchara, separamos la carne de la piel y la reservamos.

Pelamos y troceamos los ajos en láminas y los doramos en una cazuela con un buen chorro de aceite. Añadimos la cebolla y el pimiento, y lo dejamos a fuego medio hasta que la verdura esté tierna.

Añadimos el tomate rallado y la carne de los pimientos choriceros, y lo dejamos a fuego lento unos 10 minutos. Incorporamos el bacalao y el pimentón, lo mezclamos bien y lo dejamos unos 30 minutos a fuego lento.

Trucos y consejos

Para desalar el bacalao hay que tener en cuenta el tamaño de la pieza. Si se compra desmigado, los trozos son muy pequeños y bastará con pasarlos por el grifo y dejarlos en agua durante una noche.

No se le añade sal porque se supone que el bacalao ya lleva suficiente, pero es recomendable probarlo por si fuera necesaria.

Variantes

También se puede hacer con pimentón picante, pero hay que poner menos cantidad y tener en cuenta el gusto de los comensales.

;-)

Comentarios en la red

» Yo lo hice hará un par de meses cogiendo la receta de un libro y sí llevaba patatas, pero ni ñora, ni pimiento molido y me quedó muy rico, también recomendaban hacerlo en cazuela de barro, pero tu receta la probaré para la próxima vez. Un saludo.

Bacalao al horno

Ingredientes

400 g de lomo de bacalao
8 dientes de ajo
100 ml de aceite de oliva

Elaboración

En un cazo ponemos el aceite y los dientes de ajo, y lo dejamos a fuego lento durante 25 minutos.

Escurrimos bien el bacalao, que hemos desalado previamente durante 36 horas, cambiándole el agua tres veces. Lo ponemos en una bandeja de horno. Lo metemos en el horno a máxima temperatura durante 10 minutos.

Lo sacamos del horno, lo desmigamos y le quitamos las espinas que pudiera haber. Lo ponemos en una cazuela de barro sobre una superficie plana donde lo podamos agitar y añadimos 1/3 del aceite, colado y tibio. Lo vamos agitando para que el aceite y la gelatina del bacalao cuajen, mientras seguimos añadiendo el resto del aceite poco a poco.

Trucos y consejos

Se puede acompañar con pimientos del piquillo y también con langosta cocida.

Variantes

El pil pil tradicional normalmente se hace en una cazuela con aceite de oliva. Primero se doran unos ajos cortados en tiras con una guindilla. Se retiran y se incorporan los lomos de bacalao desalados con la piel hacia abajo y se deja a fuego lento para que vayan soltando gelatina. Finalmente, se va agitando la cazuela, incluso apartándola del fuego, hasta que el pil pil cuaje.

;–)

Comentarios en la red

» Aunque el bacalao no es un alimento muy constante en la comida diaria de CR, excepto en Semana Santa, esta receta propone que se pueda elaborar en cualquier momento. Es muy tentadora y sencilla. ¡Qué bueno que la anotas!

Lubina a la sal

Ingredientes

2 lubinas grandes, o 4 pequeñas, limpias y desescamadas
1 kg de sal gorda
Aceite de oliva

Elaboración

En un recipiente hondo para horno ponemos una capa de sal de 1 ½ cm, aproximadamente. Encima colocamos las lubinas untadas con aceite y las cubrimos con otra capa de sal. Presionamos un poco y salpicamos con agua.

Lo metemos en el horno a 200 °C entre 25 y 30 minutos, en función del tamaño de las lubinas.

Pasado ese tiempo, lo sacamos del horno, golpeamos la sal para romperla, ya que habrá solidificado, y sacamos las lubinas cuidadosamente para que no se rompan.

Trucos y consejos

A las lubinas hay que quitarles las tripas pero procurando no abrirlas mucho, para evitar que queden demasiado saladas por dentro.

Si queremos impresionar a los comensales, podemos romper la sal delante de ellos. Hay quien rocía la capa de sal con brandi lo lleva a la mesa flameando.

;-)

Comentarios en la red

» Hay un truco para saber si la lubina ya esta cocida. Cuando empieces a sentir el olor a pescado hecho. Mientras no huela no hay que apagar el horno. Otro, consiste en dejar el ojo de la lubina o de la dorada sin cubrir de sal. Cuando veas que se ha puesto blanco, ya está hecho el pescado.
De nada

Lubina sobre cama de verduras

Ingredientes

2 lubinas grandes, o 4 pequeñas, limpias y desescamadas
2 patatas
1 cebolla
1 tomate
1 limón
½ pimiento rojo
½ pimiento verde
2 dientes de ajo
1 copa de vino blanco
2 hojas de laurel
Aceite de oliva
Pimienta
Sal

Elaboración

Limpiamos y pelamos las patatas y las cortamos en rodajas de ½ cm, aproximadamente. Untamos una bandeja de horno con aceite y colocamos la patata sin amontonarla. Salpimentamos y ponemos otro chorrito de aceite. Las metemos en el horno a 180 °C durante 20 minutos.

Las retiramos y, sobre las patatas, ponemos una capa de cebolla, una de tomate, una de pimiento verde y rojo, y una de limón –todo cortado en rodajas de ½ cm, aproximadamente–. Salpimentamos y añadimos la copa de vino y los dientes de ajo.

Salpimentamos también las lubinas. En su interior, ponemos una rodaja de limón y una hoja de laurel, y las colocamos sobre la cama de verduras con un chorrito de aceite.

Las metemos en el horno precalentado a 180 °C y las dejamos entre 20 y 25 minutos, en función del tamaño de la lubina.

Trucos y consejos

Ponemos la patata antes porque tarda más en hacerse. Por ello, es importante conocer bien nuestro horno, dado que los tiempos de cocción variarán en función de cada uno y, también, de la temperatura y la humedad ambiente. No es lo mismo cocinar en invierno que en verano o hacerlo en el monte o en la playa.

Variantes

La trucha a la Navarra se hace con una loncha de jamón en su interior, se podría hacer lo mismo con la lubina, sustituyendo el limón y el laurel.

;–)

Comentarios en la red

» Me presento:
Me llamo Manuela y tengo dos pequeñas fruterías. En ambas hay adsl y yo suelo poner recetas tuyas, o de otros, o mías, o anuncios propios en el sonido ambiente de los establecimientos, además de la musiquita pertinente.
Cuando suenan recetas las amas de casa que están dentro del establecimiento se quedan escuchando e incluso alguna me pide que le dé la dirección de lo que suena.

Estofado de sepia con patatas

Ingredientes

2 sepias
4 patatas
2 cebollas
6 dientes de ajo
1 copa de vino
1 hoja de laurel
Aceite de oliva
1 cucharada de pimentón
Pimienta
Sal

Elaboración

Limpiamos y troceamos la sepia toscamente y, en una cazuela con un buen chorro de aceite, la sofreímos. Una vez tierna, la retiramos y la reservamos.

En el mismo aceite, sofreímos las cebollas cortadas en juliana y salpimentadas junto a los ajos pelados. Cuando la cebolla está bien tierna, añadimos la cucharada de pimentón y la sofreímos durante un par de minutos.

Ponemos la copa de vino y dejamos que reduzca. Reincorporamos la sepia y añadimos el laurel, y las patatas peladas y rotas. Lo cubrimos apenas con agua y lo dejamos hasta que las patatas estén tiernas.

Trucos y consejos

Para romper las patatas, se hace un corte de unos 2 cm con el cuchillo y se tira del trozo que pretendemos cortar. Así, durante la cocción, sueltan más almidón y se consigue una salsa con mayor consistencia.

Variantes

Si nos gusta picante, podemos marcar una guindilla durante un minuto antes de sofreír la sepia.

;–)

Comentarios en la red

» Soy un joven soltero e independiente, que como la gran mayoría no domina mucho el arte de cocinar pero ya voy viendo 8 o 9 vídeos tuyos y es impresionante lo sencillo que lo haces ver jejeje, mañana cocino sepia :p por cierto a ver si en futuros vídeos cambias la musiquilla de fondo jejejeje, saludos.

» Muy buena receta.
Yo la hago igual pero le agrego almejas, y en vez de pimentón, le echo colorante. x si t va bien la idea. Gracias. Un saludo

Guiso de atún con patatas

Ingredientes

4 filetes de atún fresco
1 cebolla
2 pimientos verdes italianos
4 patatas
4 tomates maduros
4 dientes de ajo
1 hoja de laurel
Aceite de oliva
Pimienta
Sal

Elaboración

En una cazuela con un buen chorro de aceite, sofreímos el ajo picado y el pimiento y la cebolla troceados. Salpimentamos y lo dejamos hasta que la verdura esté tierna.

Añadimos el tomate rallado y lo dejamos a fuego lento unos 10 minutos. Pasado ese tiempo incorporamos las patatas peladas y rotas en trozos grandes y las cubrimos de agua. Añadimos las hojas de laurel y lo dejamos a fuego medio/bajo hasta que la patata esté tierna.

Corregimos de sal e incorporamos el atún salpimentado y cortado en cubos. Removemos durante unos segundos, lo cubrimos y lo retiramos del fuego.

Variantes

Mi amigo Josemari, del blog Cocinar para los amigos, *añade caldo de pescado, en lugar de agua, y la carne de dos pimientos choriceros junto a las patatas.*

;-)

Comentarios en la red

» Preparé esta receta con salmón y me quedó muy rico al igual que tú, las papas cortadas de esa forma quedan mucho mejor, la preparación queda cremosa. Qué rico!!!
Muchos saludos
Laura :-D

Caldo de pescado

Ingredientes

250 g de morralla
200 g de cangrejos para caldo
1 zanahoria
1 puerro
1 ½ l de agua
4 dientes de ajo
1 hoja de laurel
½ ramita de canela
Aceite de oliva
20 granos de pimienta
Sal

Elaboración

Ponemos el pescado y los cangrejos en una olla grande, añadimos la zanahoria y el puerro pelados, limpios y troceados, incorporamos el ajo sin pelar, la hoja de laurel, la ramita de canela, la pimienta en grano, un chorrito de aceite y la sal.

Lo cubrimos con el agua y lo ponemos a fuego fuerte hasta que rompa a hervir. Quitamos la espuma que se haya formado en la superficie. Bajamos el fuego a medio/bajo y lo dejamos hirviendo 25 minutos. Corregimos de sal y lo colamos.

Trucos y consejos

Se puede hacer solo con morralla, que es pescado menudo de roca, o sustituirla por galera. La cabeza y la espina de rape también dan un sabor muy especial.

;–)

Comentarios en la red

» Buena receta y muy bien explicada. Por nuestra zona levantina sofreímos primero la ñora, luego la picamos en el mortero junto con 4 dientes de ajos crudos, le añadimos 3 cucharadas de tomate maduro rayado y lo volvemos a sofreir todo junto durante unos minutos añadiéndole la sepia y luego se le añade el arroz o los fideos al caldo... y en 15 minutos listo... ¡A comer!

postres

Brownie

Ingredientes

50 g de harina
100 g de mantequilla
75 g de chocolate con más de un 50% de cacao
200 g de azúcar moreno
1 cucharada de extracto de vainilla
10 g de levadura en polvo
100 g de nueces picadas
2 huevos
50 g de virutas de chocolate
50 g de coco rallado
1 pellizco de sal

Elaboración

Mezclamos la mantequilla y el chocolate al baño maría. Lo retiramos del fuego, añadimos el azúcar y el pellizco de sal, y removemos hasta que el azúcar se disuelva del todo (esto último es muy importante).

Añadimos el coco rallado y la levadura, y removemos hasta que quede una mezcla homogénea. Agregamos los dos huevos previamente batidos y lo mezclamos. También añadimos el extracto de vainilla.

Después, incluimos la harina tamizada; removemos hasta que tengamos una mezcla homogénea y, finalmente, añadimos las nueces y las virutas de chocolate.

Removemos y lo volcamos en un recipiente de horno untado con mantequilla y espolvoreado con harina. Lo distribuimos bien y lo metemos en el horno precalentado a 180 °C y lo dejamos entre 20 y 25 minutos.

Trucos y consejos

Es importante que el recipiente no sea muy pequeño. El brownie no crece mucho y, si el recipiente es pequeño, quedará crudo por dentro.

Para presentarlo se corta en trozos cuadrados de unos 5 cm de lado.

Variantes

El brownie auténtico no lleva apenas harina y tampoco levadura. La consistencia es más de tarta que de bizcocho, pero bastante sólido. Haciéndolo de esta manera queda más esponjoso.

;-)

Comentarios en la red

» Hola te escribo desde Suecia. Me acabo de suscribir a tu página, me encantan tus videos, súper bien explicados, me pareces un cheff increíble! Haces que todo se vea súper fácil de hacer!
Hoy pruebo la receta de los brownies y de la ensaladilla rusa (d levante)

» hola, he hecho el brownie y esta muy ricoooooooooooooooo, nos ha encantado a todos. Lo de las cantidades lo he hecho a ojo y perfecto. Gracias

Virutas de chocolate

Ingredientes

100 g de chocolate con más de un 50% de cacao
100 g de hojuelas de maíz (cereales)

Elaboración

Derretimos el chocolate al baño maría. Lo retiramos del fuego e incorporamos los cereales poco a poco, removiendo para que se empapen bien de chocolate.

Los extendemos sobre una bandeja cubierta con papel vegetal de manera que la mezcla quede bastante compacta y de una altura de 1 cm, aproximadamente.

Lo metemos durante 15 minutos en el congelador. Quedará de una pieza, así que lo troceamos a nuestro gusto.

Trucos y consejos

El chocolate, cuanto más cacao tenga, mejor. Si es del que se utiliza para hacer «a la taza», no solidificará o lo hará solo hasta que esté a temperatura ambiente.

El microondas es un buen sustituto del baño maría, pero hay que tener cuidado de que el chocolate no se queme.

;-)

Comentarios en la red

» ¡Madre mía! ¡Qué éxito! Jajajajjaja, volaron nada más salir del congelador! De hecho me han pedido de hacer más para la merienda de hoy jajajajjajaja. Muchas gracias por esta receta!!! :D Un besazo!!

Pastel de manzana

Ingredientes

Para la masa
275 g de harina
100 g de mantequilla
50 g de margarina
1 cucharada de azúcar
4-5 cucharadas de agua
1 pellizco de sal

Para el relleno
900 g de manzanas
2 cucharadas de harina
110 g de azúcar
Zumo de ½ limón
1 cucharada de extracto de vainilla
1 pellizco de canela en polvo
1 pellizco de jengibre en polvo
1 pellizco de nuez moscada rallada
1 pellizco de sal

Elaboración

Para hacer la masa, en un bol grande mezclamos la harina con la mantequilla y la margarina hasta que quede una textura arenosa. Añadimos el azúcar y la sal, y lo mezclamos bien. Finalmente, vamos incorporando agua poco a poco hasta obtener una masa compacta.

La cubrimos con film transparente y la dejamos en la nevera durante 1 hora.

Pelamos las manzanas y las cortamos en gajos, las ponemos en un bol grande y les añadimos la harina, el azúcar, el zumo de limón, el extracto de vainilla, la canela, el jengibre, la nuez moscada y el pellizco de sal. Lo mezclamos bien y lo reservamos.

Espolvoreamos una superficie plana con un poco de harina y extendemos 2/3 de la masa en función del recipiente de horno que vayamos a utilizar. Debe quedar del grosor de una moneda de euro, aproximadamente.

La enrollamos en el rodillo y, sobre un molde para horno untado con mantequilla y espolvoreado con harina, la desenrollamos. Adaptamos la masa al molde, que debe tener unos bordes altos. Añadimos la manzana, la distribuimos uniformemente y la cubrimos con el resto de la masa, también extendida en función del tamaño del molde.

Cerramos los bordes y la pintamos con huevo batido y, con ayuda de un cuchillo, hacemos una abertura en el centro en forma de cruz.

La metemos en el horno –precalentado a la máxima temperatura–; lo bajamos a 180 °C y la dejamos durante unos 30 minutos.

Trucos y consejos

Al extender la masa es más que probable que se quiebre. No hay que preocuparse, se arregla uniéndola de nuevo con los dedos y no se notará en el resultado final.

Variantes

Se puede hacer con casi cualquier tipo de manzana, aunque, para mi gusto, mejor si son ácidas. También se puede utilizar jengibre fresco, pero hay que tener cuidado porque su sabor es muy intenso.

;-)

Comentarios en la red

» Cocinero Fiel... me salió de rechupete tu pie de manzana. Me gustó bastante con el jengibre, realza mucho su sabor. He batallado bastante con la masa del pie y la del atún. Me falta práctica, tal vez. Pero la masa del pie no me salió igual que a ti, lo sé porque se ve en el vídeo, tal vez puse más mantequilla, se me partía mucho. Pero en fin, practicaré y practicaré. Quedó UNA RICURA. Gracias por estar ahí y por compartir. Besos.

Pastel de chocolate

Ingredientes

150 g de chocolate con más de un 50% de cacao
150 ml de nata líquida
90 g de mantequilla
250 g de harina
300 g de azúcar
20 g de levadura en polvo
1 pellizco de sal
125 g de cacao en polvo
50 g de coco rallado
3 huevos grandes
1 cucharada de extracto de vainilla
30 ml de aceite vegetal
125 g de yogur natural
150 ml de café cargado

Elaboración

Para la cobertura, ponemos un cazo al fuego a media temperatura con la nata líquida y lo retiramos justo cuando rompa el hervor. Lo mezclamos con el chocolate que previamente hemos troceado.

Añadimos la mantequilla, también troceada, que estará a temperatura ambiente, y lo removemos hasta obtener una textura uniforme. Lo cubrimos con papel film y lo metemos en la nevera durante 1 hora, aproximadamente.

En un bol grande introducimos todos los ingredientes secos –la harina tamizada, el azúcar, el cacao, la sal, la levadura y el coco rallado– y los mezclamos bien.

En otro bol mezclamos los líquidos –los huevos batidos, el extracto de vainilla, el aceite vegetal, el yogur y el café– y los batimos bien.

Unimos los ingredientes secos con los líquidos y removemos hasta obtener una mezcla homogénea. Lo volcamos en dos moldes iguales, circulares y de un diámetro de entre 24 y 30 cm, untados con mantequilla y espolvoreados con harina.

Los metemos en el horno precalentado a tope y lo bajamos a 180 °C con calor en la parte inferior. Lo dejamos entre 35 y 45 minutos.

Los retiramos y los dejamos reposar sobre una rejilla. Una vez fríos, les igualamos la parte superior con ayuda de un cuchillo. Cubrimos uno de los bizcochos con cobertura de chocolate y lo tapamos con el otro. Lo cubrimos todo con la cobertura con ayuda de una espátula y lo dejamos reposar unos minutos.

Trucos y consejos

Se puede hacer un único bizcocho, pero el recipiente tiene que tener una superficie de 30 cm como mínimo, porque si es estrecho probablemente el bizcocho quede crudo por dentro.

La cobertura, una vez ha reposado en la nevera, se puede batir para que tenga una textura más esponjosa.

Variantes

En lugar de rellenarlo con cobertura de chocolate, se puede utilizar alguna mermelada amarga, de naranja o albaricoque, por ejemplo.

;-)

Comentarios en la red

» Por la gloria de Vatel!!! Me ha quedado mejor que buena chavalote!! Hice 2 exquisitas con alguna variación: sustituí el café en una por crema de whisky y en la otra por licor de café! GENIAL! GRACIAS desde una isla del Caribe cerca de Venezuela y bajo las estrellas!

» Aunque soy un desastre para la cocina intenté tu receta (porque la haces parecer increíblemente fácil) y dejando de lado el problemita que me dio hacer la cobertura de chocolate (que en definitiva quedó bien) me salió una bomba!! En vez de hacerla de puro chocolate, entre los bizcochuelos le agregué dulce de leche y quedó espectacular. Gracias por el video! saludos desde Argentina.

Pastel de avellana

Ingredientes

150 g de avellanas tostadas
200 g de azúcar glasé
25 g de miel
100 g de harina
8 g de levadura en polvo
20 ml de aceite de oliva
7 claras de huevo
Mantequilla

Elaboración

Trituramos la avellana y la mezclamos con el azúcar. Añadimos la miel y seguimos mezclando. Incorporamos la harina y la levadura tamizadas y lo mezclamos. Después, agregamos el aceite y removemos todo hasta obtener una mezcla homogénea.

Batimos las claras a punto de nieve y añadimos la mezcla que hemos realizado anteriormente poco a poco, para que se mantenga esponjosa.

Lo volcamos en un molde circular, de unos 24 cm, aproximadamente, untado con mantequilla y espolvoreado con harina. Añadimos unas 10 o 15 avellanas distribuidas de forma equidistante y lo metemos en el horno precalentado a tope, bajamos la temperatura a 180 °C con calor en la parte inferior y lo dejamos entre 25 y 30 minutos.

Trucos y consejos

Con las yemas restantes se podrían hacer muchas cosas. Las yemas de Santa Teresa son una magnífica opción cuando a uno le gustan los dulces.

Variantes

Se pueden comprar las avellanas al natural. Entonces, habría que meterlas en el horno a 200 °C durante 10 minutos. Una vez se han dejado reposar, se pelan y se trituran. En caso de no tener una trituradora, se podrían cubrir con un paño y triturarse con el rodillo.

;-)
Comentarios en la red

» Querido cocinero: me encantan tus recetas. Pero tengo un problema. Soy alemana y hablo solo un poco español. A veces no entiendo todo. Por ejemplo la temperatura del horno o cuánto tiempo las cosas tienen que quedar en el horno. ¿Hay la posibilidad escribirlo a los ingredientes?
Lo siento mucho, mi español está muy mal.
Muchos saludos desde Alemania

Tarta de manzana

Ingredientes

900 g de manzana golden
1 masa de hojaldre
150 g de azúcar
100 g de mantequilla
Zumo de 1 limón

Elaboración

Pelamos las manzanas, les quitamos el corazón y las cortamos en cuatro trozos. Las ponemos en un bol y les añadimos el zumo de limón. Las reservamos.

En un recipiente circular que se pueda meter en el horno o en un molde que pueda ponerse al fuego, ponemos el azúcar a fuego lento hasta que se haga caramelo.

Lo retiramos del fuego y distribuimos la mantequilla troceada. Cuando se ha derretido, lo mezclamos.

Añadimos los trozos de manzana en vertical y formando una espiral, de fuera hacia dentro. Lo volvemos a poner al fuego y lo dejamos durante unos 40 minutos a fuego lento.

Pasado ese tiempo lo cubrimos con la masa de hojaldre, hundiendo los bordes, para que toda la manzana quede dentro. Pinchamos la masa con un tenedor y lo metemos en el horno precalentado a tope, lo bajamos a 180 °C y lo dejamos unos 45 minutos o hasta que el hojaldre esté listo.

Trucos y consejos

Para que la masa de hojaldre no se pegue a los bordes del recipiente, se puede untar este con mantequilla y espolvorear con azúcar.

Variantes

En lugar de hojaldre, se podría utilizar la misma masa que se hace para el pastel de manzana, con menos cantidad y con un grosor mayor.

;-)

Comentarios en la red

» Me encantó esta receta es fácil y riquísima.
Yo también la realizo, en vez de la masa de hojaldre una pasta de bizcochuelo básico, queda muy bien, se conoce en Argentina como torta invertida de manzana.
Abrazos y saludos!!!

Tarta de chocolate

Ingredientes

200 g de mantequilla
200 g de chocolate con más del 50% de cacao
250 g de azúcar
5 huevos
25 g de harina

Elaboración

Deshacemos y mezclamos el chocolate con la mantequilla al baño maría. Lo retiramos del fuego y añadimos el azúcar removiendo hasta que se disuelva del todo. Dejamos que se enfríe y añadimos los huevos de uno en uno. Removiendo hasta que conseguimos una mezcla homogénea cada vez que añadimos un huevo.

Por último, añadimos la harina tamizada y lo removemos hasta obtener una mezcla homogénea.

Lo volcamos sobre un recipiente de horno untado con mantequilla y lo metemos en el horno precalentado a 200 °C durante 25 minutos. La retiramos y la dejamos reposar sobre una rejilla durante un mínimo de 3 horas.

Trucos y consejos

Para asegurarnos de que la tarta está hecha, la pinchamos con un cuchillo. Si sale limpio, es que está lista.

La tarta entera no tiene muy buena pinta, porque se suele quebrar, así que es mejor servirla en porciones.

;-)
Comentarios en la red

» Felicidades, en serio!! te acabo de descubrir y me están gustando muchísimo los vídeos, enhorabuena. Creo que celebraré en junio mi fin de carrera preparando esta tarta y el tiramisú que también he visto!! jeje

Tarta de queso

Ingredientes

75 g de mantequilla
12 galletas tipo Digestive
1 pellizco de sal
375 g de queso fresco poco graso
375 g de queso crema
5 huevos
1 cucharada de extracto de vainilla
200 ml de nata líquida
65 g de harina fina de maíz
150 g de azúcar glasé

Elaboración

Trituramos la galleta con la batidora hasta lograr una textura arenosa y uniforme. Añadimos un buen pellizco de sal y la mantequilla –previamente fundida a fuego lento–, y lo mezclamos hasta conseguir una mezcla homogénea.

En un molde desmontable, extendemos uniformemente la mezcla presionando para que quede bien compacta. Lo reservamos.

Con ayuda de una cuchara pasamos el queso fresco por un colador para que sea más fácil mezclarlo. En un bol lo mezclamos bien con el queso crema. Incorporamos las cinco yemas de huevo y lo removemos todo con ayuda de unas varillas.

Añadimos el extracto de vainilla y la nata líquida y removemos hasta obtener una mezcla homogénea. Sobre esta, tamizamos la harina de maíz, mezclamos y reservamos.

En un bol batimos las claras de huevo con el azúcar glasé. Tiene que quedar una textura uniforme y esponjosa. Incorporamos 1/3 a la mezcla anterior y removemos cuidadosamente. Después, añadimos el resto.

Lo volcamos sobre la base de galletas y lo metemos en el horno precalentado a 150 °C durante 1 hora y cuarto.

Trucos y consejos

En caso de no tener una trituradora, se pueden envolver las galletas con un paño y aplastarlas con un rodillo hasta que queden con la textura arenosa necesaria.

Variantes

Esta receta es una versión de una del afamado cocinero Heston Blumenthal. Él es mucho más meticuloso con las cantidades y utiliza queso cottage, entre otras pequeñas variaciones.

;-)

Comentarios en la red

» Si no se tiene el rodillo a mano, sirve el sistema antiestrés: con una mano de mortero. Lo que pasa es que depende de cómo andes de estresado igual puedes acabar cargándote el mármol de la encimera XD.

Arroz con leche

Ingredientes

100 g de arroz
600 ml de leche
65 g de azúcar
La piel de 1 limón
La piel de 1 naranja
1 ramita de canela
Canela en polvo

Elaboración

Pasamos el arroz por agua con ayuda de un colador y lo escurrimos bien para quitarle un poco de almidón.

Ponemos la leche en un cazo, añadimos la ramita de canela y las pieles del limón y la naranja –evitando la parte blanca del fruto– y lo ponemos a fuego lento.

Cuando rompe a hervir, añadimos el arroz y lo dejamos –siempre a fuego lento y removiendo de vez en cuando– hasta que alcance la textura deseada, entre 35 y 40 minutos.

Retiramos las pieles y la canela y añadimos el azúcar. Removemos hasta que se disuelva bien. Lo volcamos en los tarros en los que lo vayamos a servir y lo espolvoreamos con canela en polvo.

Trucos y consejos

Si se quiere ahorrar tiempo, se puede cocer el arroz previamente durante unos 10 minutos. El resultado no es el mismo, pero se tarda la mitad.

Variantes

El arroz con leche tiene muchísimas variantes. Se puede hacer más líquido o más espeso, más o menos dulce, solo con piel de limón, etc. Hay quien añade mantequilla al final, le da un toque diferente y una textura cremosa.

;-)

Comentarios en la red

» ay cómo te odio!!! me vas a hacer romper mi dieta lol... ya se me antojó se ve riquísimo!!!! saludos!!

» Se puede hacer de muchas maneras y si queda en su punto está muy bueno, se puede ir añadiendo leche, se le puede añadir leche condensada hasta la cantidad de azúcar que desees, o un chorro de nata, en algunas zonas de Asturias se le pone un poco de mantequilla, incluso unas yemas, también se puede aromatizar, con diferentes licores, limón, naranja, incluso en Sudamérica le ponen especias.

Crema catalana

Ingredientes

½ l de leche
1 limón
1 ramita de canela
100 g de azúcar
4 yemas de huevo
20 g de harina refinada de maíz

Elaboración

En un cazo ponemos la leche, la canela y la piel del limón –evitando la parte blanca del fruto–, y lo ponemos a fuego lento hasta que rompa a hervir. Lo colamos y reservamos.

Mezclamos las yemas con el azúcar con ayuda de unas varillas. La mezcla debe pasar de su color naranja a uno más blanquecino. Incorporamos la leche, en dos tandas. Añadimos la harina de maíz diluida en un poco de leche fría y removemos hasta conseguir una mezcla homogénea.

Lo volcamos de nuevo al cazo y lo dejamos espesar a fuego lento y sin parar de remover. Unos 5 minutos bastarán.

Llenamos los recipientes en los que la vayamos a servir. Dejamos que se enfríe a temperatura ambiente y luego la metemos en la nevera durante 1 hora.

Finalmente, espolvoreamos con azúcar la superficie y la tostamos con un quemador.

Trucos y consejos

Para remover podemos utilizar unas varillas, pero si lo hacemos cuando la mezcla está en el cazo, es probable que lo rallemos. Por ello, es mejor utilizar una cuchara o unas varillas de madera o de silicona.

Variantes

Hay quien no utiliza la harina de maíz. Cuesta más que espese y la consistencia no es tan densa. El resultado es algo más suave.

;–)

Comentarios en la red

» ¿Qué haces con las claras cuando solo utilizas la yema?
Yo hago una mezcla con mantequilla pomada, claras, harina y azúcar, en la misma proporción, con canela y, en un papel de horno, extiendo un circulito de esta masa, bien finita, como 10 cm de diámetro.
Pones a 150 C así y cuando empiecen a dorarse por los laditos, los sacas y, utilizando un tubito de hierro, los enrollas (en caliente). Es una especie de barquillo de esos que te ponen en las heladerías. Buen resultado ;)

Flan de huevo

Ingredientes

150 g de azúcar
2 huevos
200 ml de leche
Agua

Elaboración

En un cazo ponemos 50 g de azúcar con un chorrito de agua y dejamos caramelizar. Cuando coge un color marrón oscuro, lo retiramos y distribuimos en las cuatro flaneras.

Batimos los huevos, la leche y el resto del azúcar y, con la mezcla, llenamos las flaneras.

En un recipiente para horno ponemos dos dedos de agua, colocamos las flaneras y lo cubrimos con papel de aluminio, apretando en los bordes para cerrarlo bien.

Lo metemos en el horno precalentado a 190 °C y lo dejamos 30 minutos. Dejamos enfriar unos minutos y desmoldamos.

Trucos y consejos

Mi tía Lynne utiliza otro sistema para calcular las proporciones de los ingredientes. Al cascar los huevos, conservamos una mitad y la llenamos una vez de azúcar y dos de leche por cada flan, y utilizamos un huevo por cada dos flanes.

Lo más importante es que no quede un sabor intenso a huevo. En tal caso, habrá que reducir la cantidad de huevo porque, probablemente, su tamaño haya sido superior al deseado.

Para que el caramelo no quede demasiado sólido, se le puede añadir un poco de zumo de limón o vinagre.

;-)

Comentarios en la red

» Si queréis ahorrar luz, que está por las nubes, usad la olla exprés con una flanera de estas de un litro, sale igual de bien o incluso mejor, es más artesanal, y para quien no quiera engordar que use leche desnatada y 3 partes de claras y solo una de yemas, jejeje el flan da mucho juego ;) un saludoooooo !!!!!

Torrijas

Ingredientes

4 rebanadas de pan
1 huevo
50 ml de leche
20 g de azúcar
15 g de mantequilla

Elaboración

En un bol batimos el huevo, la leche y el azúcar. Empapamos las rebanadas una a una y, en una sartén con un poco de mantequilla derretida, las doramos por ambos lados.

Trucos y consejos

A la mezcla se le puede añadir una cucharada de extracto de vainilla. También un pellizco de canela en polvo.

Al servirlo se puede espolvorear con azúcar. Puede acompañarse de miel, jarabe de arce o chocolate a la taza.

;–)

Comentarios en la red

» No sé qué me gusta más si tu manera de cocinar (que no me pierdo ni una receta) o tu gran sentido del optimismo y del humor. Por favor, no pierdas ninguna de las dos cosas. Besos

Bizcocho exprés

Ingredientes

1 yogur natural
(una vez vaciado, lo utilizaremos como unidad de medida)
3 medidas de harina
2 medidas de azúcar
3 huevos
½ medida de aceite de girasol
15 g de levadura en polvo
Ralladura de la piel de ½ limón
1 pellizco de sal
Mantequilla (para engrasar el molde)

Elaboración

En un recipiente en el que podamos utilizar la batidora, metemos todos los ingredientes, excepto la mantequilla. Batimos bien hasta conseguir una mezcla homogénea.

Lo volcamos en un recipiente de horno untado con mantequilla y espolvoreado con harina y lo metemos en el horno precalentado a tope. Bajamos la temperatura a 180 °C y lo dejamos unos 40 minutos.

Trucos y consejos

Para saber cuándo está listo, pasado un mínimo de media hora, podemos abrir el horno y pincharlo con un cuchillo, si sale limpio, el bizcocho está listo.

Variantes

Se puede hacer a mano. Primero ponemos el yogur (que también puede ser de limón) y el azúcar, y lo mezclamos bien. Después, el resto de los ingredientes con las yemas de huevo. Batimos a punto de nieve las claras, lo mezclamos todo con suavidad y al horno.

;-)

Comentarios en la red

» No se si lo habéis probado alguna vez...
Pero una forma muy buena de preparar poniendo en el molde una capita de caramelo líquido, unas rodajas de manzana, una capa de la masa del bizcocho, otra capa de rodajas de manzana, y el resto de la masa del bizcocho... y al horno... Personalmente, me encanta. Ya sabéis que para gustos los colores. Y este caso, los sabores. jejejeje... Ah! me olvidaba, la manzana tiene que ser un pelín ácida, para que se sienta su sabor. :)!

Bizcocho mármol

Ingredientes

1 yogur natural
225 g de harina
150 g de azúcar
75 g de cacao
60 ml de aceite de girasol
3 huevos
15 g de levadura en polvo
1 pellizco de sal
Mantequilla (para engrasar el molde)

Elaboración

En un bol grande mezclamos las yemas de huevo con el azúcar hasta que blanquee. Añadimos el aceite y el yogur, y seguimos removiendo. Incorporamos la sal y la levadura, y también lo mezclamos. Finalmente, incorporamos la harina tamizada en tres tandas y removemos hasta obtener una mezcla homogénea.

Volcamos la mitad de la mezcla en otro bol, agregamos el cacao y lo mezclamos bien.

Con ayuda de las varillas montamos a punto de nieve las claras. Ponemos la mitad en la mezcla con cacao y la otra mitad en la mezcla sin. Con suavidad, removemos ambas mezclas sin batir.

En un recipiente de horno alargado, untado con mantequilla y espolvoreado con harina, volcamos la mitad de la mezcla sin cacao, después añadimos la mezcla con cacao y, finalmente, el resto de la mezcla sin. Lo metemos en el horno precalentado a tope. Bajamos la temperatura a 180 °C y lo dejamos unos 40 minutos.

Trucos y consejos

Si nos gusta con más chocolate, una vez sacado del horno y reposado, lo cubrimos con cobertura de chocolate. En la receta del pastel de chocolate está la receta de la cobertura.

Variantes

Se puede hacer la mezcla con la receta del bizcocho exprés, dividirla en dos, añadir el cacao en una mitad y volcarla en el molde.

A la mezcla sin chocolate se le puede añadir la ralladura de la piel de una naranja. El contraste queda muy bien.

;-)

Comentarios en la red

» Muy buenas, te saludo desde Murcia, tengo 19 años y estoy estudiando gastronomía. Que voy a ser cocinero vamos xD y me ha salido súper especial el bizcocho gracias a tus consejos. Te doy mi enhorabuena x tu agilidad en la cocina al igual que la tngo yo, me ha salido que se lo han comido en la misma tarde. Un saludo.

» Hola, he hecho este bizcocho siguiendo paso a paso tus indicaciones y la verdad que todo ha ido rodado, aunq me qdó un poco crudo por algunas partes, seguramente necesitaría un poquito más d tiempo de cocción, pero ha quedado genial. Buenísimo, voló al instante y todos repitieron. Gracias. Espero que a la próxima vez quede mejor aún!!

Bizcocho con manzana y anís

Ingredientes

275 g de azúcar
250 g de harina
10 g de levadura en polvo
100 ml de leche
25 ml de aceite de oliva
2 manzanas
2 huevos
Mantequilla
10 granos de anís
1 pellizco de sal

Elaboración

En un bol grande mezclamos, con ayuda de una varilla, el azúcar con los huevos hasta que la mezcla blanquee. Añadimos la leche y removemos hasta que quede una mezcla homogénea. Hacemos lo mismo con el aceite.

Añadimos la levadura, la sal, el anís y la harina tamizada en tres tandas. Removiendo siempre, hasta que quede una mezcla homogénea.

Lo volcamos sobre un molde de horno untado con mantequilla y espolvoreado con harina, y añadimos la manzana cortada en cuatro trozos con la piel hacia arriba y distribuida de forma equidistante. Espolvoreamos por encima un poco de azúcar.

Lo metemos en el horno precalentado a tope, bajamos la temperatura a 180 °C y lo dejamos unos 40 minutos.

Trucos y consejos

Para hacer los bizcochos, es importante tener el horno precalentado. En general, se precalienta a la máxima temperatura, con calor arriba y abajo, y, una vez se ha metido el bizcocho, se baja a 180 °C y se deja calor solo en la parte de abajo.

;-)

Comentarios en la red

» Le tue ricette sono sempre favolose! Grande Fiel!!! ;)

» Tengo la mía en el horno, en 40 minutos más posteo los resultados, y alguna foto vía face. Un abrazo desde Chile.

Plum cake

Ingredientes

325 g de harina
250 g de azúcar glasé
260 g de mantequilla
15 g de levadura de pan
10 g de levadura en polvo
1 manzana golden
75 g de pasas
½ copita de ron
4 huevos

Elaboración

La noche anterior dejamos las pasas macerando en el ron.

Ponemos un cazo al fuego con 10 g de mantequilla, y cuando se ha fundido añadimos la manzana pelada y cortada en cubos. La dejamos a fuego lento hasta que esté blandita.

En un bol grande ponemos la mantequilla restante –que habremos sacado de la nevera 2 horas antes–. La trabajamos con una espátula hasta que quede una textura de pomada. Añadimos el azúcar glasé y lo mezclamos bien.

Cuando tenemos una mezcla homogénea, añadimos los huevos de dos en dos y mezclamos. Posteriormente, incorporamos la harina tamizada en seis tandas. Agregamos la levadura en polvo y la de pan –esta última disuelta en un poco de agua– y lo mezclamos todo bien.

Finalmente, añadimos la manzana y las pasas bien escurridas. Lo mezclamos y lo volcamos sobre un molde alargado untado de mantequilla y espolvoreado con harina.

Lo dejamos fermentar durante una media hora. Pasado ese tiempo, lo metemos en el horno precalentado a 150 °C durante 45 minutos.

Trucos y consejos

Los huevos deben estar a temperatura ambiente para que la masa no se corte al incorporarlos. Si esto ocurriera, se puede añadir un poco de harina para solucionarlo. Es un buen consejo que me dio Francis Paniego. La receta es una versión del que sirven en su hotel.

El plum cake se abre por la parte superior, así que no hay que preocuparse cuando esto sucede.

Variantes

Se pueden utilizar otras frutas, pero siempre secas. Si sueltan agua de vegetación, la mezcla no cuajará bien.

;-)

Comentarios en la red

» Te tengo en mis oraciones hermano!! qué receta!!!!! me he pasado corriendo hora y media esta tarde para purgar el pecado de atiborrarme con esta delicia!!!!

Membrillo

Ingredientes

2 membrillos
Azúcar
Agua

Elaboración

Cortamos los membrillos en cuatro trozos, los metemos en una olla grande cubiertos de agua a fuego medio. Cuando rompa a hervir, lo dejamos unos 20 minutos o hasta que la carne esté tierna.

Los escurrimos y, una vez se han enfriado, les quitamos la piel y el corazón. Los trituramos. Hay que pesar la cantidad resultante y añadir 800 g de azúcar por cada kilo de membrillo triturado. Lo removemos hasta conseguir una mezcla homogénea.

Lo ponemos en un cazo a fuego lento y lo dejamos hasta que coja un color marrón oscuro, removiendo de vez en cuando. Unos 40 minutos, aproximadamente.

Lo volcamos sobre una fuente que tenga la altura que prefiramos y lo dejamos enfriar hasta que solidifique.

Trucos y consejos

Servido con nueces y queso curado, es un postre excelente.

Una vez retirado del fuego, se pueden añadir frutos secos.

Variantes

Hay quien hace todo el proceso de una vez. Mete los membrillos pelados y sin el corazón con el azúcar, cubiertos de la cantidad mínima de agua que requiere la olla exprés, lo deja 10 minutos al 2, lo retira y lo tritura.

;–)

Comentarios en la red

» Hola wenas, como acompañamiento te recomendaría q cogieras queso brie y lo rebozaras con pan rallado y almendras cortadas muy finas, lo fríes en abundante aceite y yau. El contraste es muy weno saludos y hasta otra.

Profiteroles

Ingredientes

Para la pasta choux
250 ml de agua
125 g de harina
3 huevos pequeños
80 g de mantequilla
2 cucharadas de azúcar
1 pellizco de sal

Para el relleno
75 ml de nata montada

Elaboración

En un cazo ponemos el agua, la mantequilla, el azúcar y la sal, y lo ponemos al fuego hasta que la mantequilla se haya disuelto del todo. Cuando rompe a hervir, añadimos la harina y removemos enérgicamente hasta obtener una masa homogénea.

La retiramos del fuego y la dejamos enfriar 10 minutos. Añadimos los huevos de uno en uno. No se debe añadir el siguiente hasta que la masa vuelva a tener una textura homogénea.

Metemos la masa en una manga pastelera y, sobre una bandeja de horno untada con mantequilla, formamos los profiteroles haciendo círculos concéntricos, el primero dejando un hueco en el centro de 1 cm de diámetro, aproximadamente, y cerrando poco a poco hasta acabar en punta.

Lo metemos en el horno precalentado a 200 °C y lo dejamos durante 20 minutos con calor abajo.

Lo retiramos y dejamos enfriar. Por la abertura que ha quedado en la base, introducimos la nata montada con ayuda de una manga pastelera.

Trucos y consejos

Es importante que la masa no quede muy líquida, por ello, si al añadir el segundo huevo la consistencia es poco sólida, mejor no añadir el siguiente.

Variantes

Con la pasta choux se pueden hacer también lionesas. Estas aceptan mejor, por tradición, rellenos salados.

;-)

Comentarios en la red

» Un par de rellenos dulce/salados podrían ser:
Paté de ibéricos con mermelada de frambuesa.
Cabrales y dulce de membrillo (rico rico hasta para sándwich).
Crema de queso azul con nueces.
Daditos de queso cabrales a la plancha con finas hierbas y virutas de jamón.

» Mi madre se está haciendo fan tuya, je je, lo q pasa es q no tiene cuenta en YouTube y no puede comentar. Pero q sepas q tienes una admiradora en la sombra!! XD

Tiramisú

Ingredientes

75 g de chocolate
50 g de azúcar
225 g de nata líquida
250 g de queso crema
300 ml de café fuerte
4 cucharadas de ron
125 g de bizcochos secos

Elaboración

En un cazo ponemos 100 ml de nata líquida y 50 g de azúcar, y lo ponemos a fuego lento hasta que el azúcar se haya disuelto del todo. Retiramos y reservamos.

En un bol grande ponemos el queso crema –mejor si está a temperatura ambiente–, y lo trabajamos con ayuda de una espátula hasta obtener una textura cremosa y maleable.

Montamos el resto de la nata con unas varillas y lo mezclamos con suavidad con el queso crema. Añadimos la nata en la que habíamos disuelto el azúcar y seguimos mezclando. Por último, agregamos cuatro cucharadas de café y removemos, siempre con suavidad, hasta conseguir una mezcla homogénea.

En un cuenco ponemos el resto del café con el ron y empapamos los bizcochos, sin dejarlos excesivo tiempo para que no se rompan.

Montamos el tiramisú en un molde alto. Ponemos una capa de bizcochos, la mitad de la mezcla bien distribuida y la mitad del chocolate troceado en virutas. Lo cubrimos con otra capa de bizcochos y ponemos el resto de la mezcla y, por encima, el resto del chocolate.

Se mete en la nevera durante 1 o 2 horas para que todos los sabores se mezclen bien.

Trucos y consejos

Para montar la nata es imprescindible que esté muy fría.

Pasa desmoldar va muy bien cubrir el molde con film transparente de manera que, una vez reposado, podamos presentarlo en un recipiente diferente.

También queda bien espolvorear algo de cacao en polvo sobre la superficie.

Variantes

Esta no es la receta clásica de tiramisú. Normalmente se hace con huevo, queso mascarpone y, en lugar de ron, amaretto, un licor de albaricoque.

;–)

Comentarios en la red

» jejeje deberías ser el cocinero infiel!! Yo cuando puedo también me invento la mitad de la receta y es verdad que muchas veces se acierta!

» Gracias amigo por tu receta particular. Pero la verdadera receta de Lombardía, que es la que yo preparo, lleva 4 yemas batidas a blanco con 1/3 de 100 g de azúcar y 4 claras batidas a nieve. También te recomiendo que el chocolate sea cacao amargo en polvo. Y mi última sugerencia es que el café se moja en el bizcocho junto a un poco de licor de café y amaretto.

índice alfabético

A

Albóndigas con sepia, 164

Albóndigas con tomate, 162

Alcachofas fritas con ajos tiernos, 46

Almogrote, 22

Arroz a banda, 126

Arroz caldoso con bogavante, 118

Arroz con bacalao, 122

Arroz con costra, 116

Arroz con las sobras del cocido, 132

Arroz con leche, 236

Arroz con pollo, 128

Arroz con pollo y codornices, 130

Arroz con sepia y alcachofas, 120

Arroz del senyoret, 124

Arroz negro, 114

B

Bacalao al ajoarriero, 204

Bacalao al horno, 206

Berenjenas rellenas, 168

Bizcocho con manzana y anís, 248

Bizcocho exprés, 244

Bizcocho mármol, 246

Bocadillo de filete ruso, 186

Bocadillo de morcilla y membrillo, 58

Brownie, 220

Butifarra esparracada, 160

C

Calamares a la romana, 44

Caldo de ave, 200

Caldo de pescado, 216

Caldo de verduras, 86

Canelones de espinacas y queso, 108

Canelones de pollo, 106

Cochinita pibil, 152

Cocido con albondigones, 202

Cóctel de gambas, 54

Costillas al horno, 148

Costillas de cerdo a la barbacoa, 150

Crema catalana, 238

Crema de quesos, 26

Crepes rellenos, 64

Croquetas de jamón y pollo, 36

E

Empanada de atún, 68

Ensalada de alubias, 76

Ensalada murciana, 74

Ensaladilla rusa clásica, 32

Ensaladilla rusa levantina, 30

Escarola con romescu, 78

Espaguetis al pesto, 92

Espaguetis boloñesa, 98

Espaguetis carbonara, 90

Espaguetis con almejas, 94

Espaguetis con queso ahumado y berenjena, 96

Espaguetis con salsa de nata, 88

Espardenya, 34

Espárragos envueltos en jamón, 56

Estofado de sepia con patatas, 212

F

Fideuá, 138

Flan de huevo, 240

G

Garbanzos con bacalao, 80

Gazpacho, 62

Guiso con conejo y codorniz, 188

Guiso de atún con patatas, 214

Guiso de ternera, 190

H

Hummus, 84

L

Lasaña de carne, 104

Lasaña de verduras, 102

Lentejas con chorizo, 82

Libritos de pollo rellenos, 178

Lomo con nata y caramelo, 156

Lomo relleno, 158

Lubina a la sal, 208

Lubina sobre cama de verduras, 210

M

Macarrones con chorizo, 100

Manitas de cerdo, 154

Membrillo, 252

Migas, 70

Ñ

Ñoquis al roquefort, 110

P

Papas arrugadas con mojo verde, 42

Pastel de avellana, 228

Pastel de berenjena, 166

Pastel de carne, 192

Pastel de carne empanado, 196

Pastel de carne enrollado, 194

Pastel de carne y patata, 198

Pastel de chocolate, 226

Pastel de espinacas, 66

Pastel de manzana, 224

Patatas al ajihué, 144

Patatas bravas, 38

Patatas chips con pimientos de Padrón y jamón ibérico, 24

Paté de aceitunas, 28

Pavo relleno, 184

Pechuga con jamón y queso brie, 180

Pechuga enrollada con panceta ahumada, 182

Pimientos rellenos de sobrasada y gorgonzola, 48

Pizza de atún, 112

Plum cake, 250

Polenta frita con nueces, 50

Pollo al curry, 172

Pollo con ciruelas y piñones, 176

Pollo rebozado, 170

Pollo tikka masala, 174

Profiteroles, 254

R

Revuelto de bacalao, 142

Risotto con setas y pollo, 134

Risotto vegetariano, 136

S

Sándwich frío, 52

T

Tarta de chocolate, 232

Tarta de manzana, 230

Tarta de queso, 234

Tempura de langostinos, 40

Tiramisú, 256

Torrijas, 242

Tortilla de patatas, 140

Tortilla sin huevo, 72

V

Virutas de chocolate, 222

las 20 recetas más valoradas

Tortilla de patatas, 140
Pastel de chocolate, 226
Tiramisú, 256
Espaguetis carbonara, 90
Empanada de atún, 68
Bizcocho mármol, 246
Bizcocho exprés, 244
Arroz con pollo, 128
Espaguetis boloñesa, 98
Albóndigas con tomate, 162
Hummus, 84
Brownie, 220
Gazpacho, 62
Tarta de queso, 234
Crepes rellenos, 64
Croquetas de jamón y pollo, 36
Arroz a banda, 126
Tarta de chocolate, 232
Costillas al horno, 148
Torrijas, 242

las 20 recetas más visitadas

Tortilla de patatas, 140

Arroz caldoso con bogavante, 118

Pastel de chocolate, 226

Arroz con pollo, 128

Albóndigas con tomate, 162

Costillas al horno, 148

Crepes rellenos, 64

Tiramisú, 256

Hummus, 84

Espaguetis carbonara, 90

Brownie, 220

Arroz a banda, 126

Empanada de atún, 68

Bizcocho mármol, 246

Libritos de pollo rellenos, 178

Espaguetis boloñesa, 98

Tarta de manzana, 230

Bizcocho exprés, 244

Gazpacho, 62

Pastel de manzana, 224